JN177750

集英社新書ノンフィクション

堕ちた英雄

「独裁者」ムガベの37年

石原 孝
Ishihara Takashi

目次

扉写真／中野智明

序章
あっけない幕切れ
——三七年に及ぶ支配

ムガベが大統領の辞任表明をした後、
首都ハラレ中心部で喜びを爆発させる若者たち＝2017年11月21日

独裁者からの独立

アフリカの人々が、心の底から喜んでいる瞬間を目の当たりにしたのは、あの日が初めてだった。他人の車のボンネットによじ登って伝統楽器のブブゼラを吹き鳴らし、瓶ビールで祝杯をあげている。歓喜の歌や踊りをして涙ぐみ、誰彼かまわずハイタッチをする。果てには、道路の真ん中で腕立て伏せをする男性までいた。

二〇一七年一一月二一日夕。現役の首脳として世界最高齢の九三歳だったジンバブエの大統領、ロバート・ムガベが、国軍による事実上のクーデターをきっかけに辞任を表明した。独立から三七年にわたって権力の座にとどまり、時に独裁者として批判されてきた男のあっけない退場劇だった。

ニュース速報やインターネットのSNSで辞任を聞きつけた人々は、首都ハラレの大通りを埋め尽くした。私はそのど真ん中で、一眼レフカメラと記者証を首からかけ、高揚する人々に話を聞いていった。友人と踊っていたアインシュタイン・ゴンゾ（二五）は叫んだ。

大統領だったムガベを自宅軟禁状態に置いた軍を称え、首都ハラレ中心部にいた兵士と写真を撮る市民ら＝2017年11月19日

ムガベが大統領の辞任表明をした後、首都ハラレ中心部で喜びを爆発させる若者たち＝2017年11月21日

「本当に幸せで最高だ。私たち国民は、独裁者が支配する政治にずっと我慢してきた」。最初は、治安当局に目をつけられることを恐れて自分の名前や年齢を私に教えることを躊躇《ちゅうちょ》していたが、すぐに思い直した。「今日は独立記念日だ。写真を撮って、新しいジンバブエを世界中に報道してくれ」。

ゴンゾは大学を卒業後も、仕事が見つかっていない。友人もほとんどが無職だ。「長引く不景気で若者に職はない。生活はずっと苦しいままだ。新政権で経済が良くなって欲しい」と願った。

法律事務所で働くジョセファート・シトーレ（四五）は「これまでは、ムガベ政権を批判することすらできなかった。それが今日で終わった。人生で一番幸せだ」と喜んだ。物価上昇もあって三人の子どもを養うので精いっぱいだと話し、「今こそ国民が団結して、国を立て直す時だ」と訴えた。

群衆は、ムガベの顔写真に斜線をつけた写真を掲げた。「独裁者」を辞任に追い込んだ国軍の兵士を見かけると、握手や記念写真の撮影をせがんだ。「記念日だから」と言って、日本人記者の私と写真を撮りたがる人も少なくなかった。

首都ハラレで開かれたムガベの大統領辞任を求める大規模集会に参加し、プラカードを掲げる男性ら＝2017年11月18日

私は笑みを浮かべる若者を捉えた写真を次の日の夕刊用に出稿した。見出しは「『やっと自由に』笑顔の街」とつけられた。

地元ニュースは、辞任直前のムガベの様子を何度も映していた。その姿からは、四年前に私がインタビューした時に感じた威圧感はなくなっていた。

独裁者の顔

たった一人の指導者の辞任に、人々が歓喜乱舞するのも無理はない。ムガベがこの国のリーダーになったのは、イギリスや白人政権の植民地支配から独立を果たした一九八〇年。全人口約一六〇〇万人のうち、約八割を占める三〇代以下の若者にとって、リーダーが代わる経験は初めてのことだ。

五〇カ国以上もあるアフリカ大陸で、ムガベほど長きにわたって権力を掌握し、さらには世界的にも注目を集めてきた指導者はほとんどいない。独立からわずか数年後、敵対する勢力を支持していた少数派民族のンデベレの制圧を指示し、二万人とも言われる人々を殺害した。クーデターを阻止し、権力基盤を固めるのが大きな狙いだった。

そうかと思ったら、一九九七年には、独立闘争をともに闘い、生活に困っていた元ゲリラ兵約七万人には、財源のめどもないまま、一人五〇万円相当の一時金と月三万円相当の年金を支給することを決めた。

一九九八年には、コンゴ民主共和国（ＤＲＣ）の内戦に兵士一万人を派遣することを決定。四年にわたって四億ドル以上が使われ、国家財政を急速に悪化させた。国境を接してもいない国に兵士を派遣した理由について、「ムガベの妻のために買ったダイヤモンドの鉱山を守るためだった」とうわさされた。当時、コンゴに派遣された元兵士は「ムガベの指示なら、戦うしか選択肢はなかった。ただ、自分たちの敵が誰なのか、何のために戦っていたのか、最後まで分からなかった」と振り返った。

これだけではない。二〇〇〇年代に入ると、ムガベは、元ゲリラ兵たちが白人農家の農地に居座って白人を脅し、追い出すことを容認した。奪った農地は、農業の知識や経験が乏しかった元ゲリラ兵や側近に優先的に分配されていった。

白人が多くの土地を占めていたジンバブエで、ムガベの土地改革は黒人の貧困層を中心に支持された。だが、食糧の生産量は一気に低下し、国連の世界食糧計画（ＷＦＰ）の統計では、二〇〇〇年に八億五〇〇〇万ドルあった農産品輸出は、六年後には半分以下に減った。

野党の政治家や支持者が治安部隊によって襲撃され、それを報じるメディアへの弾圧も相次いだ。欧米諸国から経済制裁を受け、国の経済は崩壊。失業率は最大で九〇％まで上がり、二〇〇八年には一時、二億三〇〇〇万％を超えるハイパーインフレに見舞われた。紙幣が紙くず同然に価値を失い、生活苦から全人口の四分の一に及ぶ約三〇〇万人が国外に逃れたと言われている。

普通の国なら、こんな事態に陥れば指導者が責任を取り、政権交代が起きる。だが、ムガベは違った。

「この狂気の物価上昇はイギリスの陰謀だ」と、他国のせいにしたのだ。同じ年に国内でコレラが流行し、約二万六〇〇〇人が感染、一五〇〇人以上が死亡した時も、イギリスにその原因を負わせようとした。

政治家が、自分の失政を他国や他人のせいにするのは、アフリカ以外でも見られる現象だ。ただ、国民の大多数が日々の生活にも苦しむ中で、ムガベやその妻は海外で高額な不動産やブランド品を買いあさり、優雅な暮らしを続けた。欧米諸国から見ると受け入れられない発言も多く、「同性愛者は犬や豚よりもひどい」といった暴言もあった。

独立時に英雄と称されたムガベは、いつしか、国民や欧米諸国から「独裁者」と批判されるようになった。不倫の末にムガベと結婚した四一歳年下の妻のグレースにいたっては、高級ブランド品の名前を取って、「グッチ・グレース」との悪名がついた。

二〇〇三年に開かれた閣僚の葬式で、ムガベは欧米諸国を挑発するように叫んだ。「私は今もヒトラーだ。ヒトラーである私の唯一の目的は、国民のための正義、主権、独立、そして、資源への権利だ。もしそれらがヒトラーなのだとしたら、その一〇倍のヒトラーにさせてくれ。一〇倍だ」。

二〇一〇年、アメリカの外交専門誌「フォーリン・ポリシー」は、世界の独裁者二三人のランキングをまとめた。ムガベは、北朝鮮の金正日《キムジョンイル》総書記に続いて二位に選ばれた。この雑誌は、ムガベを「殺人的な暴君」と表現し、「反対勢力を拘束・拷問するなどした」と非難した。

その三年後、私と同僚によるインタビューでは「ヨーロッパやアメリカの人間が私のことを独裁者と言うのは、白人の土地を私たちが取り戻したからだろう。だが、土地の接収政策は彼らの同意を得たし、補償もイギリス政府が約束していた」と、欧米の責任を何度も訴えた。独裁者と呼ばれる筋合いはないということだ。

「マンデラよりも英雄」

私はムガベが辞任した当初、国民の大半が歓喜していると考えていた。地元メディアはもちろん、欧米メディアの報道や市販されている本を読んでも、三七年にわたって権力の座にしがみついてきた独裁者がようやく辞め、国民は歓迎しているとの内容が目立った。

ムガベが辞任を発表した時、イギリスのメイ首相は「抑圧という（ムガベの）統治の特徴だったものがなくなり、ジンバブエに新しい道を築く機会を与える」との声明を発表。アメリカ政府も「ジンバブエにとって歴史的な瞬間を刻んだ。変化の時だと平和的に声をあげた全てのジンバブエ人を祝福する」と歓迎して見せた。

ところが、辞任から二年近くにわたり、与野党の政治家から元軍人、経営者、大学教授、一般市民まで、一〇〇人以上に話を聞くうち、「辞めてもなお、ムガベは英雄だ」と答えるジンバブエ人が多いことに気づいた。

そのうちの一人、ステンリー・ムビリミ（三四）は母国を経済危機が襲っていた二〇〇八年に故郷を離れ、今は隣国の南アフリカのミッドランドという場所に住んでいる。

ムガベが大統領を辞任した時は、「経済や雇用が良くなるかもしれない」と期待し、喜んだ。ただ、指導者として国を率いてきたムガベへの感謝は、今も変わらない。

「ムガベは確かに長く権力の座にとどまりすぎた。経済危機も招いた。でも、その責任は、他の側近にもあるはずだ。彼は私たち黒人のことを第一に考えてくれた。白人と仲良くした南アフリカのネルソン・マンデラは、世界的には英雄として称賛されているかもしれない。でも、私にとっては、ムガベのほうが尊敬できる英雄だ」

ムビリミは、高校生の時に父親を亡くし、農家の母親が大学まで通わせてくれた。だが、卒業した二〇〇六年、国の経済は破綻に向かい、正規の仕事は見つからなかった。朝六時から夕方まで、両替商の仕事をして、日銭を稼いだ。

二年後、兄弟を頼って、最低限の服を持って夜行バスに乗り、南アフリカに渡った。ガソリンスタンドの店員、コールセンターの電話番、医療道具の販売員などの仕事を転々とした。二〇一五年に結婚し、子どもも生まれ、今は教育系の会社でマーケティング業務を任されている。

ムビリミと同じ意見を持つ南アフリカ人にも出会った。フリーで音楽活動をしているフロイド・ケカナ（三四）は「マンデラは白人と手打ちして、白人に国を売った。大多数の黒人は土地も持てず、今も貧困にあえいでいる」と批判した。

「マンデラとムガベ、どちらが英雄でしょうか？」と尋ねると、「そんなの疑いようがない。ムガベだ。白人から土地を奪い返し、白人支配を打破したのだから。彼こそが真のアフリカ人だ」と言った。

彼らの考えは、私にとって、頭を鈍器で殴られたような衝撃だった。

日本や欧米諸国に住む大多数の人にとって、約二七年にわたって収監されながら、アパルトヘイト（人種隔離）政策の廃止や白人との融和を進めたマンデラこそ、世界的な英雄だろう。一方、隣国のジンバブエにいたムガベは、「独裁者」としての印象か、そもそも、その存在すら知られていない。

ただ、この二人の歩んできた道のりは驚くほど似ている。ともに黒人差別を続けた白人

南アフリカのヨハネスブルク郊外にある商業施設では、元大統領のネルソン・マンデラの像が立つ＝2018年7月22日

政権に反発して政治運動に参加し、獄中生活を経験。ムガベは国を独立に導き、マンデラはアパルトヘイト政策を廃止に導いた。

では、どこで世界的評価に差がついたのか。その答えの一つは、欧米諸国にけんかを売ったかどうかだろう。白人が支配していた土地を強制的に接収し、黒人に分配したムガベは、欧米側から見れば「土地を奪った」敵以外の何者でもない。

ムガベの四〇年来の友人である神父のフィデリス・ムコノリ（七〇）は「ムガベは西側諸国にとって、ダーリン（最愛の人）ではなかった。常に過激主義者とか共産主義者とレッテルを貼られた」と語る。当時のアメリカとソ連を中心とした冷戦下で、いったんできあがったイメージを覆すのは難しい。ムコノリは「独裁者というイメージは、ジンバブエ人によってつくられたものではない。よそ者によってつくり上げられたものだ」と言う。

二〇一九年九月六日、ジンバブエ政府は、ムガベが入院先のシンガポールで死去したと発表した。九五歳。独立闘争や経済制裁、ハイパーインフレなど、激動の時代とともに歩んだ権力者は、家族に看取られてひっそりと亡くなった。

ムガベの後任として大統領に就いたエマソン・ムナンガグワ（七六）は「国民の英雄」

「解放の象徴」とムガベをたたえ、「私たちの国家とアフリカ大陸の歴史において、彼の貢献は、決して忘れられることはない」と悼んだ。

だが、死去を報じた日本メディアの中には、ムガベについて「世界最悪の独裁者」と表現する記事もあった。欧米諸国との関係が深い日本では、ムガベの評価はどうしても欧米よりに傾いてしまう。彼が素晴らしい指導者だったと評価する気持ちはない。ただ、「英雄」と「独裁者」の両方の顔を持つ男は、ひょっとしたら、マンデラのように世界的に称賛される素質があったのかもしれない。

イギリスの歴史家ジョン・アクトンが「権力は腐敗する」と述べたように、長く権力を持てば、何らかのひずみは出てくる。核兵器の開発やミサイルの発射を続ける北朝鮮は言うまでもなく、日本のような国でもそれは避けられないように思う。

絶対的だったはずの権力者は、なぜ堕ちたのか？

なぜ辞め時を間違えたのか？

彼の足跡を辿《たど》りながら、ムガベの光と影を探ってみることにした。

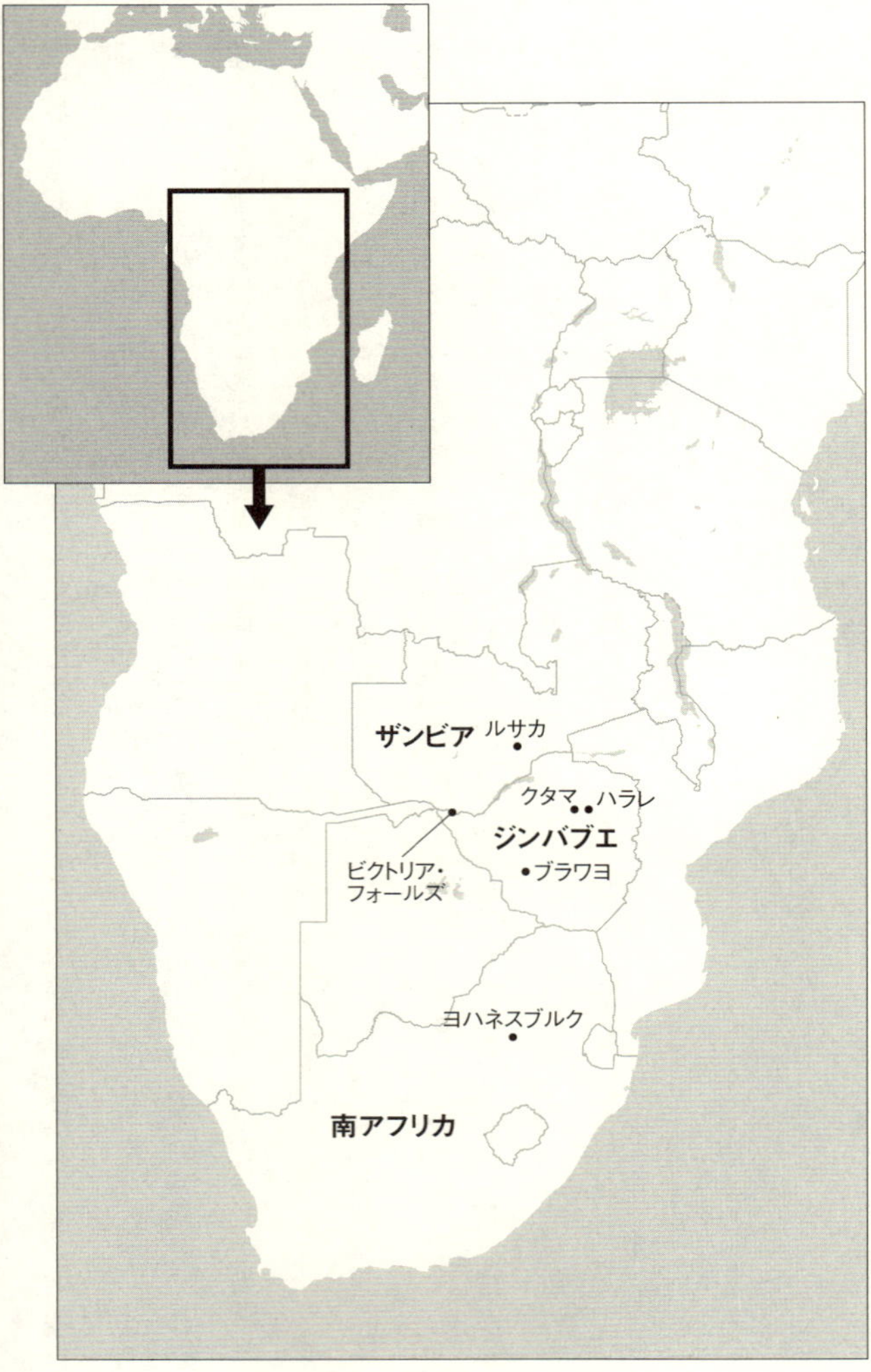
ザンビア
ルサカ
クタマ
ハラレ
ジンバブエ
ブラワヨ
ビクトリア・
フォールズ
ヨハネスブルク
南アフリカ

第一章

差別と独立

――ムガベとの接触

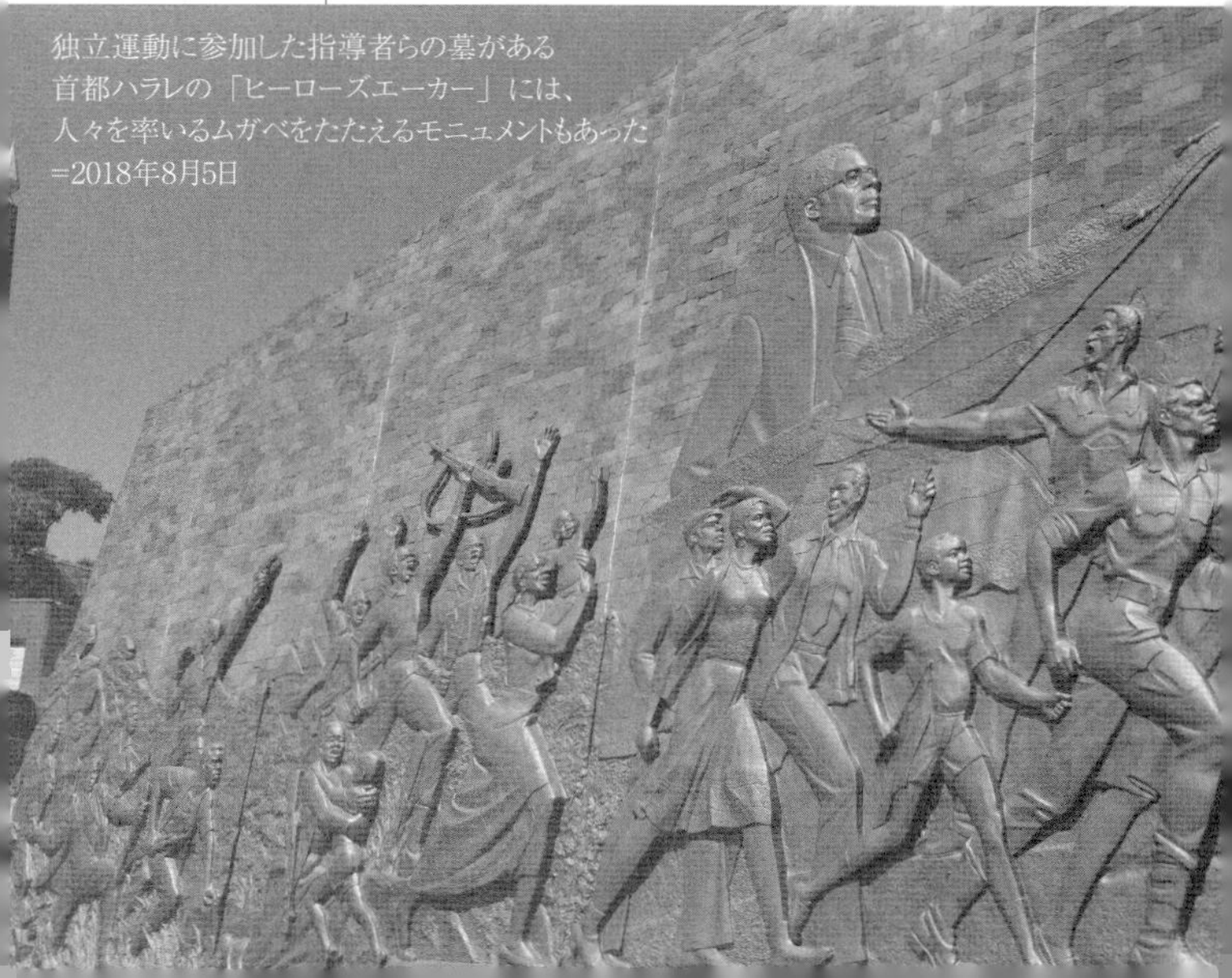

独立運動に参加した指導者らの墓がある
首都ハラレの「ヒーローズエーカー」には、
人々を率いるムガベをたたえるモニュメントもあった
=2018年8月5日

「独裁者」とのインタビュー

ムガベが大統領を辞任した政変から四年前の二〇一三年六月。私は横浜市内のホテルの一室で、ムガベと向き合っていた。日本政府が主導して開催する第五回アフリカ開発会議（TICAD）のため、ムガベは二四年ぶりに来日した。勤務する朝日新聞社の国際報道部に所属していた私は、同僚と一緒に直接話を聞けるチャンスに恵まれた。

ずいぶん後に知ったことだが、ムガベに単独でインタビューするのは非常に難しい。秘書役の人物に依頼書を出しても放置されるのが大半だ。政治問題を長年取材している地元の記者でさえ、「一度も単独インタビューはできていない」と悔しがるほどだ。

その時の私は、高揚感と緊張感が心の中でぶつかり合っていた。国の首脳、ましてや独裁者と呼ばれる人物がどんな人間なのか。都合の悪い質問をして、機嫌が悪くならないか。考えたらきりがなかった。

案内された部屋に入って、まず驚いた。一〇人近い側近がスーツ姿で私たちを取り囲むように待っていたのだ。記者になってから八年。三〇平方メートルもない室内での取材に、

横浜市で開催されたアフリカ開発会議に出席した際に、インタビューに応じる大統領のムガベ＝2013年6月2日

こんなにも多くの人が同席する経験は初めてだった。出身大学も記者としての初任地も横浜だった私にとって、慣れ親しんだ場所での取材のはずが、この空間だけはアウェーの雰囲気ができあがっていた。「同僚がいてくれて良かった」と感じた。

男たちとは少し離れたところに、ひときわ高齢のほっそりとした人物が立っていた。ムガベだった。ダークスーツに、水玉模様が入った金色のネクタイ姿。左腕には、これまた金色に光り輝く時計が目についた。握手をして、「お目にかかれてうれしいです」と簡単なあいさつを交わした後、ムガベはソファに体を沈めた。

ジンバブエは翌月に選挙を控え、ムガベも六選を目指す大統領選に出馬する予定だった。前回の選挙では、一回目の投票で野党候補に敗れたものの、その後に野党支持者への弾圧を繰り返し、決選投票で勝利を決めていた。

八九歳という年齢も加わり、ムガベの権力基盤の低下は徐々にだが進んでいた。後継者を誰にするのかは、国造りの行く末を決める決断。国民だけでなく、近隣国や欧米諸国にとっても関心事だった。

同僚と私は事前に打ち合わせをして、日本への期待感や大統領選への出馬の意志とともにに、引退する気持ちがあるかどうかを尋ねることにした。

取材を円滑に進めるために、私たちはまず、日本への期待感を尋ねてみた。ムガベは予想以上に小さな声でぼそぼそとしゃべり始めた。「アメリカとヨーロッパは傲慢だが、日本は小さい国にも平等で友好的だ。ヨーロッパは良い統治や人権を求めすぎる」。話を聞き逃さないよう、ICレコーダーをムガベの前に置き直し、自然と前のめりになった。

欧米はこの頃、ムガベ政権による野党支持者への人権弾圧や白人の土地の強制接収を理由に、ジンバブエに経済制裁を科していた。そのため、ムガベは成長著しい中国など、アジア諸国との関係を強化していた。欧米に比べれば、自国の人権や民主主義に対して口うるさくない日本政府との関係強化も狙っていた。

二四年ぶりとなる来日の理由を聞くと、「私の問題というよりも、日本が我々と働く気になったのではないか。欧米の影響下にある日本も同じように振る舞ったのだろうが、理解できない」と語った。日本からの支援は求めているはずなのに、強気の姿勢は崩さない。これが、一国を長年にわたって率いているプライドなのか。

ムガベはしゃべり始めると、しばらく止まらない。

「欧米からの経済制裁がなければ、もっと多くのことを生み出せる。ただ、欧米だけが世界ではない。中国にもインドにも私は行ける。国民は懸命に働いている。ヨーロッパの人々は驚くだろう。なぜ私やジンバブエがまだ生き延びているかをね。彼らはいつ私が死ぬかを気にしている。『ムガベはモンスターだ』とも言う。私はまだ生きている。君たちが見ているのは、お化けではないぞ」

ムガベの言葉に、そばで話を聞いていた側近たちが異様なほどの大声をあげて笑った。その姿を見て、日本の会社組織に似ていると感じた。権力を持った会社の上司が熱弁を振るうと、必要以上におべっかを使う部下。どこの組織にも一人や二人はいるだろう。独裁者の国とは、毎日がこういう雰囲気なのだろうか。だとしたら、ジンバブエ国民に同情するほかないと思った。

取材時間は三〇分ほどしかなかった。一カ月後に迫った選挙について話を振った。

「とても重要な選挙だ。我々は人々の権利のために立つ。殺された人々のことを忘れないために。アメリカは、広島などに原爆を投下した。そして、神の名の下に核兵器をいまだに保有している」

ムガベは、南アフリカの元大統領、マンデラについても触れた。「欧米はマンデラのように、我々を今も（経済制裁によって）収監しているのだ」。

選挙の話のはずが、広島などへの原爆投下に触れるなど、欧米批判が止まらなくなる。

話題を戻そうと次の質問を振った。

「大統領選に出馬しますか？」

ムガベは「そうだな」と短く答えた。

「大統領を辞める選択肢はないですか？」と続けると、急に語気を強めた。

「大統領選が迫っている中で、辞める選択肢があるのか？　君たちは私に辞めて欲しいのか？」

威圧的な態度に押されつつも、「あなたは八九歳だから、国民は、いつ辞めるのか興味を持っているのです」と返すと、「一〇〇年後になったら引退を考える。今は選挙に出て、経済制裁に対抗するだけだ」と力強く答えた。室内には異様な緊張感が漂った。

その口ぶりは、当選への自信に満ちていた。実際、七月に実施された選挙で、ムガベは野党候補を退け、六選を決めた。

ムガベとのインタビューの最後に、私は「元気の秘訣《ひけつ》は何ですか？」と尋ねてみた。

「それが知りたいなら、ジンバブエに来ることだ。秘訣を教えてあげよう」と彼は笑いながら答えた。

「分かりました。いつかジンバブエで」。そう言って別れた。

部屋から出て、ホテルの外に出ると、大きくため息をついた。わずかな時間だったのに、言いようのない疲労感に襲われた。緊張からか、ムガベが話をしている最中に撮影した写真はピントが甘く、ふがいなさだけが残った。「いつかまた、ムガベに会ってこのリベンジをしたい」と願った。

一方で、再会できる可能性は低いとも思っていた。新聞記者は転勤族で知られる。私も、二〇〇五年に朝日新聞社に入社してから、横浜を振り出しに奈良、大阪、東京、大阪と引っ越しを繰り返した。それも、一つの場所に三年以上暮らしたことがなかった。

ただ、イギリスの大学院でアフリカ政治をかじったこともあってか、二〇一七年八月、私は南アフリカのヨハネスブルク支局に赴任することが決まった。隣国のジンバブエも担当エリアだ。ムガベに会う、またとない機会に恵まれたのだ。そして、赴任からわずか二カ月後、ムガベが軍の裏切りによって辞任に追い込まれる政変に出くわしたのだった。

ムガベの生い立ち

ムガベが辞任してから八カ月後、私は首都ハラレから西に約八〇キロ離れた西マショナランド州の村、クタマを目指していた。ムガベが生まれた場所だ。ここを訪れたのは、ムガベの長寿の秘訣を探るという意味もあったが、純粋に彼の故郷を見てみたかったからだ。

ムガベは一九二四年二月二一日、大工の父親と敬虔《けいけん》なキリスト教徒の母親の三人目の子どもとして生まれた。ハラレから車で片道一時間半。陥没している道路や点灯していない信号が目立つ首都中心部と違って、クタマへと向かう道路は整備が行き届き、快適な旅路だった。

理由は簡単だ。ムガベは大統領時代、ハラレにある私邸から故郷まで定期的に戻っていた。自然と、道中は手入れが行き届くようになる。幹線道路は、ムガベの名前を取ってロバート・ガブリエル・ムガベ・ハイウェーと名付けられ、道沿いには石碑も建てられていた。

ムガベの故郷クタマに向かう道中に設置されていた石碑。ロバート・ガブリエル・ムガベ・ハイウェーとの名前がついていた＝2018年7月5日

クタマに到着すると、藁《わら》と煉瓦《れんが》でつくられた小さな民家が点在し、牛や鶏などの家畜がいた。近くには、警察署や学校、雑貨店も並んでいた。

のどかな雰囲気が残るこの村に、ムガベは邸宅を建て、休日を過ごした。私が訪れた時は、三、四人の男が敷地内で警備をしていた。「日本から来た記者です。取材は可能でしょうか」と名乗ると、「許可証がなければ、取材は認められない」とあっさりと追い返された。

彼らによると、ムガベは大統領辞任後もこの村にたびたび帰ってきているようだった。この日はいなかったが、留守の

ムガベが生まれた故郷クタマ。小さな民家が点在する中で、ムガベの自宅はひときわ目立った＝2018年7月5日

間に何か問題が起きれば彼らの首が飛ぶ。「許可証はないので、出直します」と言って、その場を去った。

とは言え、誰にも会わずにこのまま帰るわけにもいかない。ムガベが幼少期に遊んでいた友達の多くは、すでにこの世を去ったか病気がちで、話を聞けなかった。ただ、家の外で洗濯物を干していた主婦のキリアナ・ニエレ（五六）に話しかけると、ムガベの遠戚であることが分かった。

八人の子どもや孫と暮らしているニエレは、トウモロコシやキャベツなどの野菜栽培や飼育する鶏を市場で売って生計を立てている。「私が小さい頃は、この辺りには何もなかった。ムガベが幼少の頃は、もっとひどかったはずだよ」と彼女は語った。

周囲には畑用の灌漑《かんがい》設備も見えた。「それなんかもそうだけど、この辺の道路も、ムガベが全部つくってくれた。彼はこの村を大きく発展させてくれた」と感謝した。

ムガベの大統領時代には、ニエレの家の前にまで、側近たちが乗る高級車や日本製の四輪駆動車が何台も停《と》まっていた。「今はこの通り、停まっているのはあなたの車だけよ」と言って、さみしそうにつぶやいた。

取材の後、近くの商店に立ち寄った。三〇〇ミリリットルの瓶のコーラが米ドルで二ドルだった。スーパーマーケットで買うよりも倍以上したが、次の村までは距離があった。

コーラでのどを潤しながら、二〇代の店主にムガベの印象を聞くと、「彼は本当の闘士です」と返ってきた。「国の英雄だと思いますか」と続けると、三秒ほど黙った後、「私たちには、いい人だった」とだけ答えた。

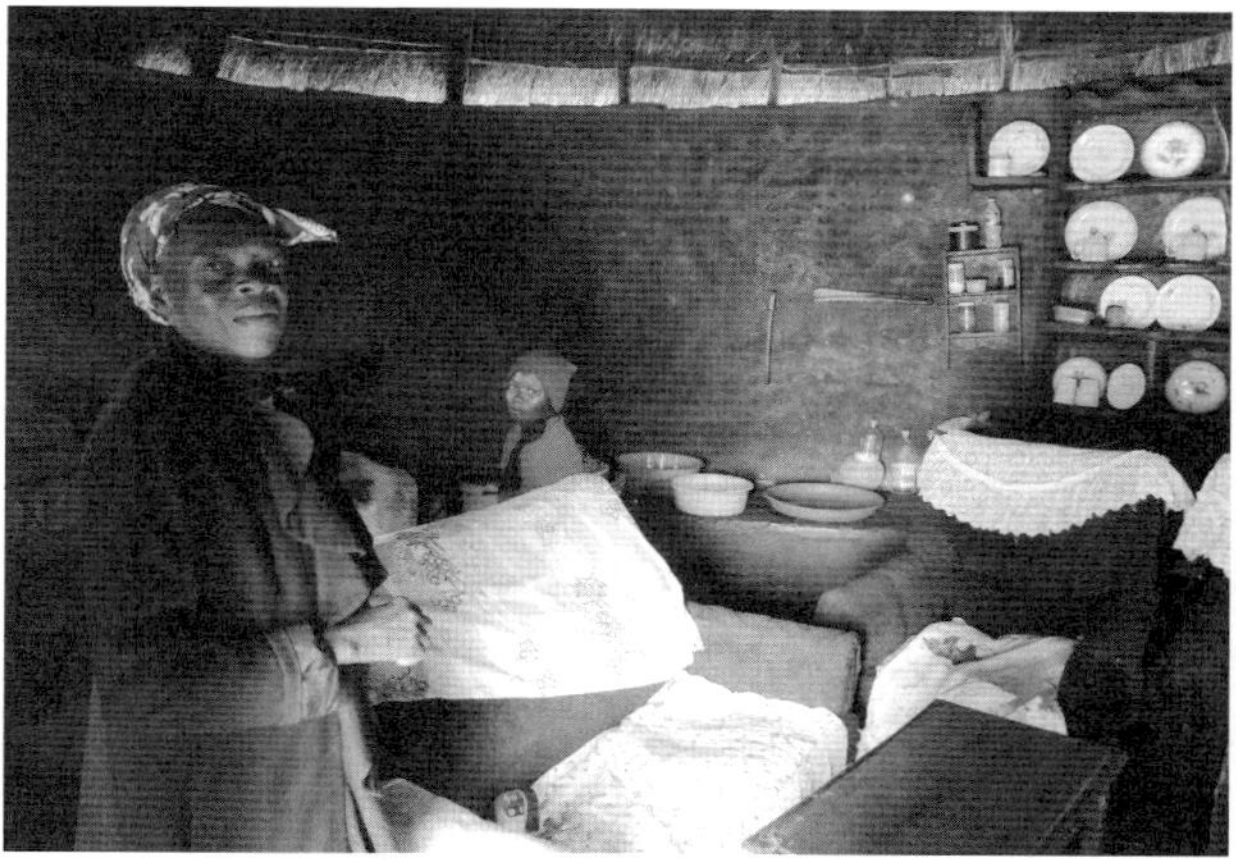

ムガベの故郷クタマの近くに住むキリアナ・ニエレ。冬場に取材したため、自宅内でもコートを着たままだった＝2018年7月5日

ムガベの故郷クタマで、商店を営む家族＝2018年7月5日

植民地だった母国

ジンバブエには一三世紀頃繁栄した国家があり、石造りの遺跡が今も残っている。その後も、幾多の国が覇権を争った。だが、ムガベが生まれた当時、アフリカ大陸の多くがイギリスやフランスといったヨーロッパ諸国の植民地として統治されていた。ジンバブエも例外ではなかった。一八九〇年代から、セシル・ローズ（イギリスのアフリカ植民地開拓者）率いるイギリス南アフリカ会社による占領が始まり、ローズ（Rhodes）の名前を取って、ローデシア（Rhodesia）と名付けられた。ムガベが生まれる前年には、南ローデシアと呼ばれるようになった。日本より少し広いくらいの国土の多くは、白人の手に渡った。黒人は住居や就業が制限され、大多数は貧しい生活を送った。

ムガベは運が良かった。熱心なキリスト教徒の母親の存在もあって、村にあったイエズス会などの学校に通うことができたのだ。スポーツよりも、勉強が得意な優等生としてすぐに知られるようになった。放牧されている牛を敷地まで連れて行く牛追いの仕事を手伝いながら、毎日のように本を読みあさった。

だが、ムガベがまだ幼い時、父親であるガブリエルは家族を見捨てて、ジンバブエ第二の都市、ブラワヨに移り住んだ。兄たちも病気などで亡くなり、ムガベは家族を支える役割を担うことになった。本の虫だったムガベだが、家庭の困窮ぶりを知り、本当に必要な時以外は本を買うお金をねだらなくなった。

ムガベやジンバブエの歴史を取材してきた地元のジャーナリスト、ジオフレイ・ニャロタ（六七）は、「家庭環境もあって、ムガベは我慢強い人間に育った。ただ、幼少期から勝ち気で、リーダーになることも好んでいた。嫌なことがあると、牛を狭い敷地内に追い込み、日が暮れるまで一人で過ごしていた」と言った。

ムガベだけでなく、彼の母親のボナとも親交があった神父のムコノリは「ムガベのことを知りたければ、まずボナを理解しなさい。ムガベの勝ち気で、忍耐強い性格は、母親譲りだ」と説き、母親のエピソードを教えてくれた。

ガブリエルが蒸発した後、ボナはキリスト教の教義を住民らに教えて生計を立てていた。ある日、夫が他の女性と結婚したとのうわさを聞いたボナは、知人の情報を頼りに、ブラワヨの夫を訪ねた。家にいたのは女性だけだった。

「あなたは、ガブリエルの妻ですか？　私の名前はボナ。彼の最初の妻よ」と名乗った。驚く女性を前にして、「心配しないで。男なんてそんなものだから」とあっけらかんと伝えたのだ。

ジンバブエでは、一夫多妻の家庭はあまり多くない。男が複数の妻と結婚するには、稼ぎが多いことが大きな条件だった。決して裕福とは言えないガブリエルは、条件を満たしているとは言えなかった。

夜遅くに仕事から戻ってきたガブリエルは、自宅の外にまで響く笑い声に気づいた。ドアを開けると、二人の妻が談笑していた。

ボナは「あなたが別の女性と結婚したと聞いたので、確かめに来ました。私にも考えがあるので」とだけ言い、一週間をそこで過ごした。自宅に戻った後、ボナはムガベら子どもを連れて、親戚の家に移り住み、つつましく暮らした。

この話にはまだ続きがある。ムガベが二〇歳を迎える年に、ガブリエルは突然、ブラワヨで結婚した妻とその子どもを連れてクタマに戻ってきたのだ。ほどなくして、彼は亡くなり、家族だけが残された。

ムガベは、父親であるガブリエルの行動を理解できなかった。自分たちを置いて出て行き、愛する母親に苦労をかけた。そして、困った時だけ帰ってくる。傍《はた》から見ても、自分勝手と言われても仕方がないだろう。だが、母親のボナは「ロバート、強くなりなさい。私たちは彼の家族の世話もしなければならないのよ」と諭した。キリスト教徒であるムガベの家族と仲の良かった神父のムコノリによると、ムガベは母親の言いつけを守り、残された異母兄弟とも仲良くしていた。

ムガベの九〇歳の誕生日を記念して出版された写真集には、こう記されていた。「母親というのは、全ての人の人生において、最高の女性である。最高の料理人であり、最高の母親であり、最高の養育者でもある。母親は、子どもたちにいつまでも記憶されているものだ」。

ムガベの母親に対する深い愛情が垣間《かいま》見えてくる一節だ。だが、長年一緒に暮らしていなかった父親についての記載は、どこにもなかった。

勉強漬けと最初の妻

白人が国内の政治や経済を牛耳っていた当時としては最高の教育を受けたムガベにとって、安定した職を得るためには教師になるのが近道だった。イエズス会の教師らの勧めもあり、ムガベは一九四五年に故郷を離れ、キリスト教系列の学校で教壇に立った。

さらに、黒人が高等教育を受けられることで有名だった南アフリカのフォート・ヘア大学に入学。マンデラやオリバー・タンボら、アパルトヘイト廃止を求める活動家たちがかつて学んだ学校だ。

ムガベは文学を専攻し、階級や貧富の差がない平等な社会を目指した共産主義の考えに触れた。イギリスからの独立運動を指揮したインドのマハトマ・ガンジーの存在にも心動かされた。

ムガベの教育熱は驚くほど高い。

先の写真集によれば、これまでに教育学や法律学など七つの学位を取っている。独立闘争中に逮捕され、収監された時期でさえ、自国やアフリカの歴史や法律、行政学を学び続

1961年、教会で結婚式をあげるムガベ（右手前）とサリー（ジンバブエ国立公文書館提供）

けた。独立を導いた後には、「教育は雇用にもつながる」と述べ、初等教育の無償化や奨学金制度を拡充。国内の識字率は九〇%を超え、アフリカ随一の教育国との評判をつくり上げた。

一九五八年。ムガベは母国から遠く離れた西アフリカのガーナに移り住んだ。前年、サブサハラ（サハラ砂漠より南の地域）のアフリカ諸国の中で、イギリスからいち早く独立を勝ち取った国だ。報道によると、ムガベは当時を振り返り、「私は、冒険家としてガーナに行った。独立したアフリカの国が、どんな感じなのかをこの目で見たかった」と語っている。黒人の政治家が、自分たちの国の未来を直接決めている。今でこそ当たり前の光景だが、白人政権に統治されていた国で育ったムガベには、新鮮なものだった。

ムガベはここで恋に落ちた。同じ学校で働いていたガーナ出身のサリー・ハイフロン。知的で政治に興味があり、ムガベをたてつつ、自分の意見を持っていた女性だった。二人は一九六〇年にジンバブエに帰国。翌年にハラレの教会で結婚式をあげ、間もなく子宝にも恵まれた。

ムガベが権力の座に就いた時、妻が外国出身であることには批判の声もあった。だが、南アフリカのジャーナリスト、ハイディ・ホランドは、その著書『ディナー・ウィズ・ムガベ』（未邦訳）で、「ムガベは彼女に信頼を置いていた。（独立前から）ムガベをよく知り、彼の孤独感を和らげた」と記した。

ムガベが大臣の任命で迷っていれば、サリーは誰が適任かを側近らに聞き取り、性格や経験まで調べたうえで、夫に適任者を伝えていた。貧困に苦しむ人たちへの支援活動にも精を出し、いつしか「奥様が言うなら間違いないだろう」と、側近たちに信頼されるようになっていった。

独立闘争

ガーナから母国に戻ったムガベは、イギリスからの独立を目指す運動にのめり込んだ。一九六一年、ジンバブエ・アフリカ人民同盟（ＺＡＰＵ）の設立メンバーの一人として加わった。ムガベは当時、「アフリカは、帝国主義者たちが分断する前の状態に戻らなければならない。人工的な分割を取り除こう」と訴えた。

だが、指導者だったジョシュア・ンコモが白人政権との対話を優先し、武力による闘争に消極的と見るや、ムガベは一九六三年、他の仲間とともに、ジンバブエ・アフリカ民族同盟（ＺＡＮＵ）を新たに立ち上げた。

その後、ＺＡＰＵは少数派民族のンデベレの若者から、ＺＡＮＵはムガベと同じ民族であり、多数派のショナの人々から支持を集めるようになった。

当時の白人政権は両組織の活動を厳しく制限し、活動の中心だったムガベらを間もなく逮捕した。収監中、妻であるサリーとの間に生まれた息子が、マラリアの影響で亡くなった。ムガベは、一時的に釈放を求めたが、認められなかった。

他国からの批判が高まる中、ムガベは約一〇年後に釈放された。すでに五〇歳を迎える年になっていた。釈放されて間もなく、神父のムコノリは、イエズス会の施設で開かれた会合でムガベに初めて会った。

「当時のことは、今でもよく覚えている。ムガベは、参加した若者に十分な食事があるか、ずっと気にしていた。ある若者が『まだ空腹です』と言うと、ムガベは『もっと食べなさい』と言って、自分の皿から料理を分け与えた。恐縮する若者に、ムガベは『私はもう高齢だから』と言い、笑っていた」

若者への優しさを見せる一方で、独立に向けた戦闘が激しさを増していくと、ムガベは群衆が集まる集会で「敵はおびえ、混乱し、完全に敗北している。私たちの努力を緩める時間はない。敵を敗北に追い込むまで打ち砕き、城塞を爆破せよ。休む暇を与えず、隅まで追い詰めるのだ!」と勇ましく叫んだ。

温和な顔と勇猛な顔。ムガベは両極端な表情を使い分けながら、独立闘争の指導者になっていった。

独立闘争中だった1976年、スイスで開かれた会議に出席するムガベ（右）とンコモ（ジンバブエ国立公文書館提供）

一〇代の少女も独立闘争へ

闘争には、男女問わず、何万という若者が参加した。主婦のアガタ・サニャオクエ（五八）もその一人だ。今は腰が曲がってきていて、家事や孫の世話に忙しい「おばあちゃん」。元ゲリラ兵の面影はほとんどない。

もともとは、首都ハラレにあった黒人居住区のンバレで、両親と一緒に住む女子生徒だった。一五歳の時、周りの大人や同級生から誘われるがまま、隣国のモザンビークに向かった。現地に着いて初めて、独立闘争に参加したのだと気づいた。

最初は、ＡＫ－47などの銃をジンバブエ国内に運び込んだり、負傷した人の手当を担当したりした。銃の使い方を先輩から教わり、時に白人政権軍の兵士との戦闘にも参加した。「我々は主権と祖先の土地を取り返さなければならない」。ムガベは彼女たちがいた陣地まで来て、独立闘争の重要性や白人から土地を奪還する意義を語ってくれた。

ただ、「生活は本当にしんどかった」。四年近くにわたって、草原の茂みに隠れる暮らしを続けた。仲間は千人以上いたが、食料は慢性的に不足。水や砂糖をなめて、飢えをごまかした。トウモロコシ畑を見つけて生のまま食べた時は、食中毒にかかってもがき苦しんだ。

彼女の左足の甲は、三センチ近くも盛り上がっていた。訳を聞くと、戦闘中に骨折した際の後遺症だと言った。「仲の良かった友達のほとんどは亡くなった。自分が生きているのが不思議なくらい」とつぶやいた。

彼女は「知的で演説もうまかったムガベは、私たちのために駆け回り、独立を勝ち取ってくれた」とたたえた。独立後、彼女は地元に戻って結婚し、二人の子どもを育てあげた。取材の最後に「写真を撮らせて欲しい」とお願いすると、「今日は化粧もしていないし、汚い格好だから」と断られた。話を聞かせてくれたお礼に土産《みやげ》のチョコレートを渡すと、満面の笑みを浮かべ、左足をひきずったまま見送ってくれた。

独立闘争が終わるまで、白人政権軍の兵士と黒人ゲリラの死者は、数万人を超えたと言われている。正確な人数は分かっていないが、その多くが兵器の質で劣る黒人だった。それでも、独立という悲願に向けて、黒人勢力は白人政権を追い詰めていった。

「石の家」独立へ

一九七九年末、独立闘争に明け暮れた黒人勢力とそれを抑えようとする白人政権は、イギリスで「ランカスターハウス制憲協定」に署名し、両者による停戦が結ばれた。イギリスはムガベらの黒人勢力による独立を認め、さらには、白人が大部分を専有していた土地の分配などに関して資金援助も約束した。一方で、急激な変革は阻止された。黒人勢力は今後一〇年間、白人の土地を強制的に接収しないことを規定。ジンバブエ国内にいる少数派の白人保護のため、白人政党も議会（定数一〇〇）の二〇議席を確保することになった。

ムガベは当初、「国の解放のために長年闘ってきた人々は、ランカスター（制憲協定）が解決策だと信じてはいけない。協定ではなく、私たち自身の気迫、熱意、決意を信じ続けるべきだ。それこそが、私たちの解放や目標に到達するための唯一の方法だ。闘い続けるべきだ」などと述べ、武力闘争の続行を主張していた。

だが、犠牲者が多くなり、ムガベらを支援してきた周辺国の負担も大きかった。結局、

1979年12月、イギリスでランカスターハウス制憲協定を結ぶムガベ（右）やンコモ（中央）ら

周囲の説得で最終的には折れた。

一九八〇年二月。総選挙が実施され、ムガベが率いるZANUが、国内多数派民族のショナの支持を広く集め、五七議席を獲得した。ムガベのライバルだったンコモが率い、少数派民族のンデベレを中心とした政党は二〇議席。白人政党も規定通り二〇議席を獲得し、ムガベが独立後の国造りを引っ張っていくことが決まった。

新しい国家の名前はジンバブエとつけられた。現地のショナ語で「石の家」を意味する。現在は世界遺産にも指定されている石造りの遺跡に由来したものだった。

ジンバブエ独立直前に実施された総選挙で投票するムガベ（左から2番目）。右隣はムガベの母＝1980年2月（ヘラルド提供）

首都ハラレ近郊にあるバランシングロックは、ジンバブエ紙幣にも描かれている＝2018年8月5日

第二章
アフリカの優等生
——融和と略奪

ジンバブエの首都ハラレ中心部の街並み。
近代的なビルもそびえ立つ=2018年5月30日

人種間の団結求める

一九八〇年四月に独立を果たしたジンバブエ。初代首相に就いたムガベの出足は、上々だった。もちろん、冷戦下で社会主義路線を掲げていたムガベには欧米諸国から懸念の声もあった。だが、独立を巡って争っていた白人の政治家を閣僚として迎え入れるなど、現実的な路線も取った。独立記念式典でムガベが訴えた演説はその不安を払拭するかのように、国民の融和や団結を求めた。私が二〇一三年に実施したインタビューや二〇〇〇年代のムガベの演説などと比べると、協調や共生を重視している。晩年のムガベしか知らない人にとっては、同一人物なのかと疑いたくなる内容だ。少し長くなるが、要約を紹介したい。

「ジンバブエという新しい国家の立ち上げ前の最後のカウントダウンが始まっている。今からたった数時間で、ジンバブエは自由で、独立した主権国家になる。自分たちの航路を自由に選び、自分たちの運命に向かって、進路を決めることができるのだ。国民は民主的な選択をして、将来に関して政策を進める正当性のある政府を選んだ。

まさに、世界が注目する中で、私の党が自由で公正な選挙を通じて政府として選ばれた。私の政府は、与えられた権限を歓迎している。一方で、私たちに課された任務の遂行は、あなた方全員の信頼、好意そして協力によってのみ可能である。国際社会の全ての友人、同盟国、善意ある人たちによる今後の支えや激励によって、強固になる。

独立への道のりは、長く困難で危険なものだった。この道のりの中で、数え切れない人の命が失われ、多くの犠牲を伴った。自由と独立を勝ち取るために、死と苦しみがあった。私たちが今、得ている報いのために苦しみ、犠牲になってきた全ての人に感謝を捧《ささ》げたい。

明日、私たちは歴史的な式典を祝うことになる。この瞬間を成し遂げるために、私たちは一世紀近くも努力してきた。この機会に、若者も年老いた人も、男性も女性も、黒人も白人も、生きていてもそうでなくても、全ての人がジンバブエ人となるのだ。独立は、私たちに新たな個性、新たな主権、新たな未来と展望、そして疑いようもなく、新たな歴史と新たな過去を授けるだろう。私たちは明日、再び生まれることになる。個人としてではなく、集団として、新たに誕生するジンバブエ人として、再び生まれるのだ。

明日は、私たち偉大なジンバブエと国民の誕生日だ。明日からは過去の男女ではなく、未来の男女になる。昨日ではなく、私たちの運命を生み出す明日になる。私たちは新たな国民となり、建設的で進歩的で、永遠に前向きであると、言われるようになる。後ろ向きで破壊的な昨日の人になるわけにはいかない。新たな国は、私たち一人ひとりに新たな考え、新たな心、新たな精神を持つ新たな人になることを求めている。憎しみをはねつける新たな愛を持たなければならない。団結し、分裂しない新たなスピリットを持たなければならないのだ。

私たちは、国民としての友情で強く結ばれた兄弟のように互いに関わり合わなければならない。もし、昨日まで私が敵として闘っていたとしても、今日のあなたは私と同じ国益、忠誠心、権利と義務を持った友人になるのだ。もし昨日まであなたが私を嫌っていたとしても、今日のあなたは、私と結びついた愛を避けることはできない。だからこそ、このような状況で、誰かが過去の傷や不満を改めて持ち出すことは愚かなことではないか？　今となっては、過去の過ちを許し、忘れなければならない。過去に目を向けるならば、過去が私たちに示してきた教訓に目を向けよう。つまり、抑圧と人種差別は不公平であり、私たちの政治的、社会的仕組みの中で二度と見ることのできないものだということだ。権力を持っていた白人が昨日まで私たちを抑圧していたからと言って、今、権力を持った黒人が白人を抑圧しなければならないという考えは、決して正当化できない。

白人が黒人に対してやったことであろうと、その逆であろうと、悪行は悪行のままだ。私たちが、多数派には見えない人や多数派ではないと考える人々を抑圧・迫害し、嫌がらせをすれば、私たち多数派による支配はいとも簡単に非人道的な支配に変わるだろう。民主主義は、決して暴力的支配ではない。それは法律と社会的ルールの遵守を要求する規律ある統治であるべきだ。人々が自由に考え、行動する自由を否定することは間違っている。

私は全ての人々に、団結を否定するのではなく、お互いを尊重し、団結を推し進めていくことをお願いしたい。独立記念日には、統合された治安部隊が、ごく最近までお互いに闘っていたにもかかわらず、新しい時代の国民の団結と一体感を示すためにともに歩み、行進していくだろう。

これを私たち全員が見習うべき例にしよう。年を追うごとに完全に調和の取れた行進にするためにも、国全体で同じようにしていこう。私たちには、平和をもたらすための豊富な鉱物資源、農業資源、人的資源がある。平和が訪れれば、社会を変え、生活水準を上げるという私たちの努力は成功するだろう。私たちの国の地中にある鉱物資源はほとんど採掘されておらず、農業や工業資源もまだ十分に活用されていない。平和を実現している今の私たちは、それらを活用するために全力で取り組まなければならない。私たちにはすでに、よく整備されたインフラがある。技術のある人材を育てるため、より多くの教育・技術的な機関がつくられていく。私たちの専門知識は増えていくはずだ。今日、全世界が私たちに注目している。

国際社会の多くの国は、私たちが迅速かつ予想を上回って、戦争から平和に移行したことに驚いている。私たちはすでに、多くの国から好意的に見られている。他国が私たちに提供する経済的・技術的な支援から利益を得ることが期待できる。私の政府は、国民の大多数の生活に意味のある変化をもたらす決意があることを、ここに保証する。

しかしながら、私はあなた方に我慢強く、政府が効果的に変化をもたらすまでの時間をお願いする必要がある。土地を必要としているのに持てない人、仕事を必要としているのに無職の人、学校を必要としているのに通学できない子どもたち、病院を必要としているのに行けない患者がいる。私たちは、あらゆる産業界において、賃金を引き上げる必要性

1980年4月、独立記念式典に出席するムガベ（左）ら＝ジンバブエ国立公文書館提供

を十分なほど認識している。私の政府は、これらの要望を満たすために最善を尽くす。しかし、あなた方は忍耐強く、平和的になり、私たちを支えなければならない。

　私は、独立の式典が国中で開かれる日に、あなた方が参加することを望んでいる。もちろん、必要不可欠なサービスを続ける義務を負う人たちもいる。それも大きな貢献だ。私は、チャールズ皇太子の来訪を決めた女王陛下に感謝する。

　ご存知の通り、この歴史的な式典は、各国の首脳など一〇〇カ国近くから出席者が来る予定だ。式典はメディアが報道・中継し、世界の何百万もの人々に届く。この厳粛な機会に敬意と尊厳を示し、歓喜にあふれる式典に参加して欲しい。私たちの独立を喜び、国民の団結、平和および進歩のために、私たち自身を捧げる必要性を認識しよう。

私はまた、国や組織を代表して、独立記念式典に出席する来賓の方に感謝する。彼らの存在は、彼らの国や組織と私たちの国の間の連帯と友情の絆《きずな》を意味する。私たちの解放闘争において、彼らの支援がなければこの日は決して来なかっただろう。

彼らが我々に与えてくれた全ての物質的、政治的、外交的、そして倫理的な支援に感謝する。ジンバブエの息子と娘よ。独立記念式典に参加し、来訪者全員が最大限のおもてなしを受けられるようにして欲しい。私もスピリットと愛情、忠誠心と献身性を持って、そのうちの一人になる。人々の力とともに前進を！　自由万歳！　主権万歳！　独立万歳！」

このムガベの演説は、国内外で高く評価された。国民には人種間の融和や団結、忍耐を求め、輝かしい未来に向かって努力していくことを約束し、旧宗主国のイギリスや他国の支援にも感謝するなど、バランスの取れた内容になっていたからだ。

しかし、独立から四〇年近くたった今、この国が演説通りに進んでいないことは、誰の目から見ても明らかだ。土地を巡って白人と対立し、野党支持者への弾圧が相次ぐなど、抑圧の時代が長く続いた。今もなお、経済の低迷で国民に忍耐を求め続けているのが現実だ。

ムガベの遺産、教育

ムガベが演説で述べたように、当時のジンバブエは、主要な都市を結ぶ道路が整備され、タバコなどの輸出産品も豊富にあった。一人あたりの国内総生産はサブサハラ以南のアフリカ諸国の平均よりも高かった。

首相に就いたムガベが力を入れたのは、教育の充実だった。教師出身者として、国造りの土台は教育との信念を持ち、初等教育の無料化や奨学金の拡充などを進めた。世界銀行の統計によると、国内総生産における教育費の割合は独立前年の二・三二%から、一九九二年には二〇%超に。小学校の入学率は着実に上がり、同じ年の一五~二四歳までの識字率は九五%に達するなど、アフリカ随一の教育国として知られるようになった。

今でも、与野党の政治家、支持者ともに、ムガベの功績を尋ねてみると、「教育政策の充実」をあげる人は多い。「アフリカの優等生」「ジンバブエの奇跡」と呼ばれた政権運営は国内外から評価を受け、イギリス政府は一九九四年、「反植民地闘争の英雄」として、ムガベに名誉ナイト爵位を与えるほどだった。

二〇〇〇年代にジンバブエが未曾有の経済危機に見舞われ、約三〇〇〇万人の国民が国外に逃れた際にも、「ムガベの教育政策が助けになった」と言う人もいた。真面目で我慢強い性格に加え、学校で習った英語力や計算の速さを売りに、受け入れ国でレストランの店員や英語教員、トラック運転手などの職を得ることができたからだ。

序章で紹介した会社員のムビリミは「ムガベが教育に力を入れてくれたおかげで、私たちは学校に通え、海外でも何とか仕事も得ることができた」と感謝する。

私が行きつけにしていた南アフリカのカフェにも、ジンバブエ人の男性従業員がいた。仕事の合間や休日に寄ると、いつも「今日の調子はどうだい?」と声をかけてくれた。

私が日本の新聞記者だと伝えると、「次はどこの国に行くんだい?」と聞いてくるようになった。「最近はジンバブエに行くことが多いんだよ」と言うと、「私の母国だよ」と驚いていた。二〇〇〇年代の経済危機の際に移住してきたのだと教えてくれた。その後、そ

首都ハラレで学校から帰ってくる生徒ら＝2018年7月6日

の店は閉店してしまい、彼とも会えなくなった。

彼に限らず、愛想が良く、質の高いサービスを提供してくれる店員にじっくり話を聞くと、ジンバブエ出身ということが少なくない。より良い国造りに貢献するはずの人材が、他国で生計を立てるために安い給料で働いている。そんな実態を見ていると、いたたまれない気持ちになる。

権力争いと暴力

ムガベが重視したのは教育だけではない。権力基盤を固め、安定した政権運営を目指した。目障りなのは、独立に向けて共闘した仲間であり、ライバルでもあったジョシュア・ンコモの存在だった。彼が設立した政党ZAPUは国内第二の都市、ブラワヨを拠点にし、国内全体の約二〇%を占める少数派民族ンデベレを中心に構成されていた。独立闘争ではソ連からの支援を受け、一九八〇年の議会選挙では一〇〇議席中、二〇議席を獲得していた。一方、ムガベら多数派民族ショナは約七五%を占め、独立闘争では中国からの支援を受けていた。議会選挙では第一党になったものの、人口比だけで考えると、五七議席の獲得にとどまったとも言えた。

選挙後に首相に就いたムガベは、ンコモらZAPUのメンバーを閣僚に迎え入れた。だが、自身が進めようとした政策に非協力的だと感じたムガベは、二年後には「ンコモがクーデターを計画している」と非難するようになった。ムガベは「ZAPUと指導者のンコモは、家の中にいるコブラのようなものだ。蛇に対処する唯一の方法は、その頭を攻撃し、破壊することだ」との声明を出した。

独立時の演説で、「多数派には見えない人や多数派ではないと考える人々を抑圧・迫害し、嫌がらせをすれば、私たち多数派による支配はいとも簡単に非人道的な支配に変わるだろう。民主主義は、決して暴力的支配ではない」と訴えた人間とは思えない過激な言葉だった。

国のトップであるムガベの指示を受けた国軍は一九八三年、ZAPUのメンバーや元ゲリラ兵を殺害・誘拐する作戦を開始した。北朝鮮で特殊訓練を受けた部隊が実働隊となった。正確な犠牲者の数は今も分かっていない。約三〇〇〇人〜二万人が殺されたと言われ、ZAPUがムガベの率いる党との合併に合意する一九八七年まで続いた。虐殺は、現地のショナ語で「春雨より早くに降る、もみ殻を洗い流す雨」の意味がある「グクラフンディ」と呼ばれた。

勉強不足を恥じると、私がこの虐殺についての詳細を知ったのは、南アフリカに特派員として赴任した後のことだった。当時の国際情勢で、この虐殺が国際社会の大きな関心を集めたとは言えないだろう。世界や日本で関心を集めていたのは、隣国の南アフリカでアパルトヘイト政策の廃止を訴え、約二七年にわたって収監されたマンデラの解放を求める運動だった。

「ムガベは独裁者」

虐殺の被害者は今どうしているのか？　気になった私は、被害者家族に会いに行くことにした。その家族は、ジンバブエ第二の都市、ブラワヨから日帰りで行ける距離に住んでいる。

案内役兼運転手として頼んだ五〇代の男性が運転する車は、舗装道路を軽快に飛ばしていった。しばらくするとマトボ国立公園の入場口に到着した。付近には、ここで生息するサイを見ようと訪れた観光客の姿が目についた。「野生のサイは見たいけど、私が会いたいのは被害者家族だよ」と心配する私に、案内役の男性は「ここが被害者家族の住む家の通過地点なんだよ」と笑って答えた。

未舗装の凸凹の道を三〇分ほど進んだ先に、目的の家はあった。車のエンジン音が聞こえたのか、藁で覆われた家から主婦のマラティ・ヌベ（六二）が出てきてくれた。汚れがついたままのシャツを着ているのを見ると、彼女の生活が容易ではないことは明らかだった。彼女によると、一九八四年のある朝、夫のジョザは数人の兵士によって連行されていった。夫を見たのは、それが最後になった。彼女は恐怖心で、最愛の人が連れて行かれる理由すら聞けなかった。

夫は、ムガベのライバルになったンコモが率いるZAPUの元ゲリラ兵として独立闘争に加わった。戦闘中に右手と足に大けがを負い、独立後は療養生活を続けながら、ンコモらの政治活動を支援し続けていた。「夫が拉致された理由はそれしかないと思う。当時、ZAPUを支援していた集落の若者が『オリエンテーション』と称した会合に連れて行かれ、次々に姿を消していた」と彼女は言う。

マトボ国立公園近郊に住むマラティ・ヌベ（左）と母親＝2019年1月5日

夫の安否を心配して部隊の拠点に向かった父親は、右手や腰に大きな傷を負って帰ってきた。国軍の部隊は、彼女の様子を見るために、その後も自宅に何度か現れた。ヌベは「自分も殺されるかもしれない」と恐れ、知り合いの家で三年間過ごした。ZAPUの政治活動に参加していた兄も一九八五年に拉致され、虐待を受けて間もなく亡くなった。

彼女は、一九八〇年の独立時には「何もかもうまくいく。人生が変わる」と喜んだ。翌年に夫と結婚し、すぐに二人の男の子も生まれた。夫の所在が分からなくなってから、三〇年以上がたった。「夫はすでに死んでいると思う。彼がいなくなって間もなく、採掘現場で行方不明や亡くなっていた大勢の人の身分証明書と一緒に、夫の分も出てきたから」。

彼女は藁でつくったかごを売って生計を立てているが、生活は苦しい。二人の子どもは満足に学校にも行けず、彼女は民家の近くにある果実を摘み取ったり、トマトやトウモロコシなどを栽培したりして、何とか生きながらえてきた。

ムガベについてどう思うかと私が尋ねると、横にいた母親のメギンコモ（八七）が感情をむき出しにした。「独立や黒人の解放のためにともに闘ったのに、なぜ私たちを差別したのかを彼に問いただしたい。独立前は、民族の違いなんて関係なかった。彼が民族差別をつくり出した。権力のために、私たちを殺し、拉致した。白人が支配していた当時の生活のほうがましだった」。

別れ際、彼女たちがつくったかごの置物を見せてもらった。一〇センチほどの品をお土産として二つ買った。値段は日本円で一〇〇円にも満たなかった。それでも、彼女は満面の笑みを浮かべていた。

数キロ先の集落に住むロダ・ンドロブ（六七）にも会いに行った。家はそれほど大きくはないが、すぐ近くに養鶏場があった。数百羽はいるだろうか。白人の実業家の依頼を受けて、育てている。

彼女は、夫が銃殺された時のことが今でも忘れられない。一九八五年九月一五日午前一時頃、夫のパトリック（当時四二）は木材を切って、自宅に帰るところを軍の部隊に見つかり、銃殺された。夫は、ZAPUの政治活動に関わっていた。

乾いた発砲音に気づき、彼女が外に出ると、夫は血を流して倒れていた。そばには、軍の部隊がたむろしていた。警察に捜査を依頼したが、なしのつぶてだった。

夫が亡くなった後、かごをつくったり農家の手伝いをしたりしながら、六人の子どもを

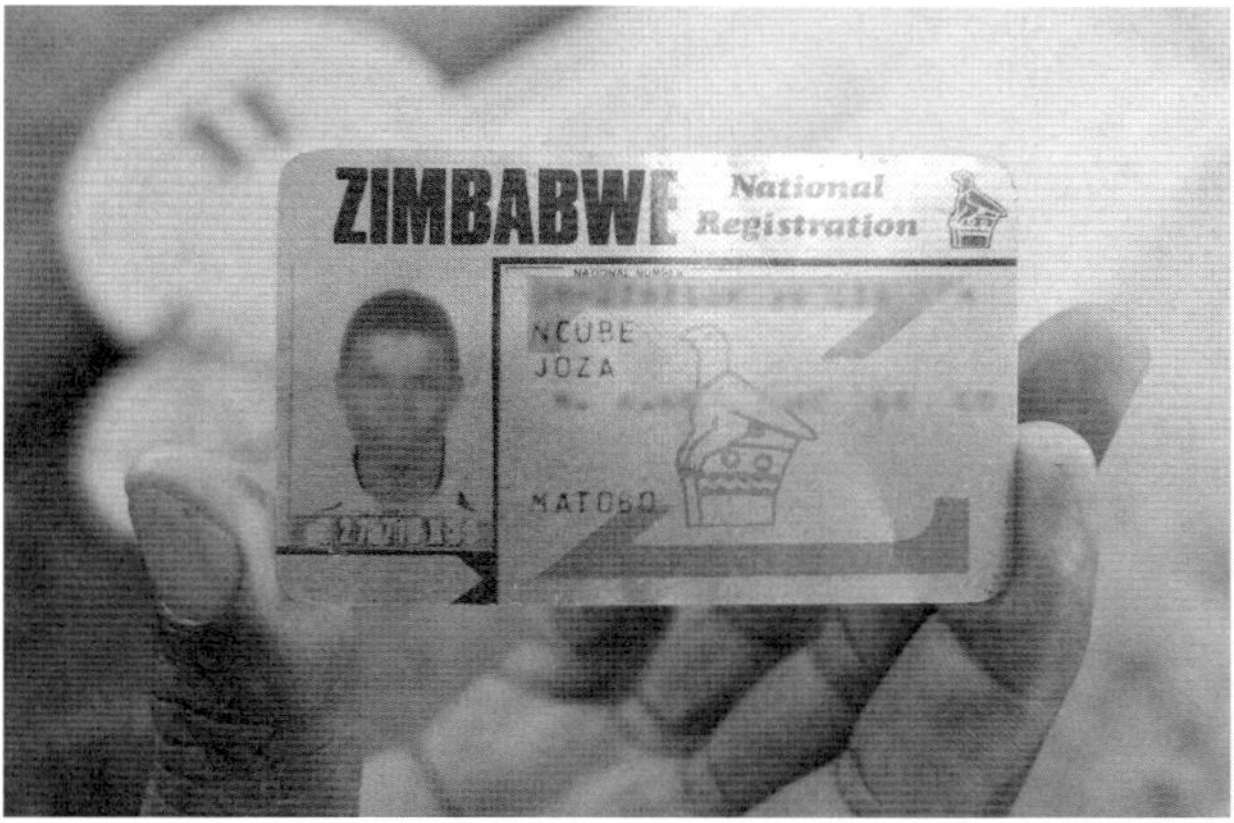

グクラフンディで失踪したマラティ・ヌベの夫の身分証明書＝2019年1月5日

父母とともに育てた。一九八五年までは選挙で投票していたが、ムガベの統治が続くと分かって、投票する気が失《う》せた。「ムガベは冷酷だ。我々を差別し、虐殺した独裁者だ。許すことはできない」と嘆いた。そして、夫が行方不明になっている主婦のヌベと同じことを言った。

「白人政権のほうが、生活はましだった。学校に行けば優秀な先生もいたし、バスなどの交通網もしっかりしていた。今は経済が低迷し、それすらもなくなった」

ンコモの願い

二組の被害者家族の取材を終え、国立公

園を経由して戻ろうとすると、「セシル・ローズの墓」と書かれた案内板を見つけた。多くのジンバブエ国民にとって、母国を占領した彼は侵略者の代表的な存在だ。その彼の墓がここにあるとは知らなかった。国立公園の入場口で料金を支払い、墓に向かった。

そこは辺りを見渡せる丘になっていた。野生動物は見られなかったが、緑に映えた草木は美しかった。彼の遺言で、この地に埋葬されたらしい。だが、この場所で最も印象に残ったのは、無数に飛び回る小バエだった。セシル・ローズの墓の周りにのみ旋回し、耳の周りにまとわりつく。数百匹はいるだろう。油断していると、口の中にも入ってくる。「侵略者だった男への復讐《ふくしゅう》か?」と案内役の男性に冗談半分で尋ねると、「そうかもね」と笑われた。とてもじゃないが、長居できない。五分もせずに、その場を去った。

その後、案内役の男性は「連れて行きたいところがある。知人にも会わせたい」と誘ってきた。詳しく聞くと、「ムガベの政敵だったンコモが生前に住んでいた自宅だ」と言う。翌日は何も予定がなかった。せっかくの誘いなので、訪問することにした。

ブラワヨの中心部から少し離れた場所に、ンコモの自宅はあった。一人の男性が私たちを「こんにちは」と日本語で出迎えてくれた。家の管理人かと思っていたら、彼はンコモ

マトボ国立公園内にあったセシル・ローズの墓＝2019年1月5日

の息子のマイケル（六一）だと名乗った。来日したことはないが、「映画やニュースを見て覚えたんだ。『ありがとうございます』だって知っているよ」と笑った。

自宅は、ンコモの功績を記したパネルや、実際に使っていたベッドや衣服、写真などが展示された博物館になっている。自宅前にあった年代物の車をじっくり見てみると、弾痕が残っていた。マイケルは「一九八二年に、父が射殺されそうになった時に乗っていた車だ」と教えてくれた。防弾車だったために、銃弾は後部の窓を貫通せず、ンコモは難を逃れた。犯行は、ムガベが率いた与党のメンバーが実施したとうわさされている。

ンコモは独立闘争や国造りに追われ、家族との時間はほとんど取れなかった。母親から「父親はジンバブエという国の父なのよ」と言って育てられたマイケルは、「（父親は）民族に関係なく、国民全員のために働いた無欲な指導者だった。今でも尊敬している」と笑みを見せた。

父親がムガベ率いる政権から敵視され、隣国に避難すると、マイケルたちも警察に一時拘束された。一九八四年から九一年までは、身の危険を感じてカナダに避難した。

父であるンコモやその支持者たちが攻撃される対象になった理由を尋ねると、「『自分を

ブラワヨ近郊にあるンコモが住んでいた家。息子のマイケルが案内してくれた。弾痕の跡が残る車の前で写真を撮らせてもらった＝2019年1月6日

ねたんでいる人がいるのだろう』と父親は言っていた。父の人気はどこに行っても高かった。野心の塊のムガベと他のZANUのメンバーは、父親やその支持者がいなくなって、一党支配にすることを望んでいた」と語った。

「ムガベのことを英雄だと言う人もいるが？」と聞いてみると、「英雄は国を滅ぼしたりはしない。彼が英雄なら、どうして二万人近い人々を虐殺できるのか？そんな人間が英雄になれるのかい？彼は自己中心的な人間だ」と批判した。

少数派民族のンデベレの人々を虐殺したムガベ政権は、一九八五年の議会議員

選挙で、前回から七議席を増やし、一〇〇議席中六四議席とした。一方のＺＡＰＵは、前回の二〇議席から五議席減らした。ンコモは一九八七年、虐殺を止めるためにムガベが率いる党との合併を選び、一党支配を受け入れた。ンコモは一時、副大統領の座に就いたが、実権はほとんどなかったとされる。

同じ年に首相から大統領に就いたムガベは、一九九〇年の大統領選挙で八割以上の票を獲得して勝利。議会議員の選挙でも一二〇議席中一一七議席を占めた。五年後に行われた選挙でも圧倒的な勝利を収め、権力基盤を固めることに成功した。

一方のンコモは一九九九年、ジンバブエ経済が崩壊するのを見届ける前に、病気で亡くなった。その後、独立闘争や国造りの貢献から、ブラワヨの空港にはンコモの名前がつけられ、街の中心部には彼の像も立った。

ムガベが二〇一七年に辞任した時、ンコモの息子のマイケルはわずかな希望を感じた。だが、ムガベがいなくなっただけで、同じ党のメンバーがこの国を支配していることに変わりはないとも感じる。「父親が政権を運営していたら、ジンバブエはもっと良い国になっていただろう。この国には、真に国民のことを考えた指導者が必要だ。歴史のページは、

1987年、党の合併を話し合うムガベ（左）とンコモ（右）ら。ンコモの自宅で撮影

まだめくられていない」とつぶやいた。

　彼と別れた後、私は案内役の男性に「ンコモの息子に会うなら、先に言っておいて。びっくりしたよ」と言った。彼は「悪気はなかった」と言って、笑った。

　その四カ月後、案内役の男性が、自宅で亡くなったと聞かされた。直接の死因は分からなかったが、少し前に車に当て逃げされ、けがを負っていたという。彼は反政府系の活動家としても知られ、虐殺の被害者やンコモの息子らとも交流があった。誰かに狙われたとしても、おかしくはない。不気味な感覚に襲われた。

弾圧激しさ増す

一九九〇年代後半になると、ムガベの一党支配に風穴があけられるようになる。ムガベやその側近の汚職や財政悪化などが続き、国民の支持が離れていったのだ。労働組合などからなる政党、民主変革運動（ＭＤＣ）が結成され、失業率が悪化していた都市部を中心に支持を集めた。

彼らは、ムガベの権限を強化する憲法改正に反対するキャンペーンを展開。二〇〇〇年二月の国民投票で反対票が過半数となった。ムガベにとって、選挙で初めての敗戦と言えた。さらに、同じ年の六月の議会議員選挙では、ＭＤＣが躍進し、ムガベ率いる与党を追い詰めた。

ここから、野党政治家や支持者への弾圧が激しさを増し、軍や警察らが暴行や脅迫を繰り返すようになった。二〇〇三年に二四歳という若さでＭＤＣの議員になったタファズワ・ムセキワは、将来有望な政治家だった。だが、殺害予告が何度もあり、「大臣を殺そうとした」として、罪に問われそうになった。「結局は起訴されることもなかったし、完全な無実です」と彼は取材に答えたが、野党支持者への嫌がらせとも言うべき逮捕は続いた。命の危険を感じた彼は、間もなくしてイギリスに亡命。それから一五年間、コンピュータープログラマーとして生計を立てることになった。

一方、ムガベ政権が進めていた土地改革の恩恵を受けた地方の政治家や軍人、元ゲリラ兵らは、野党支持者の「監視役」として機能した。元軍人の男性（五一）はハラレに住んでいたが、二〇〇二年に政府から北西部の農地をもらい、家族と移り住んだ。農耕機具なども国費から無償で配布されるなどして、ムガベを長年にわたって支持し続けた。

野党党首も暴行被害

ＭＤＣの党首として長年にわたってムガベ政権の打倒を訴えたモーガン・ツァンギライは、治安部隊によって何度も拘束された。二〇〇七年三月には頭を鉄棒で殴られ、二カ月にわたって入院。翌年に迫った大統領選挙に向けた脅しと言えた。

現在のＭＤＣ党首で、当時は広報担当だったネルソン・チャミサも同じ年、ハラレの国際空港で銃を携行した八人くらいの男たちに鉄の棒で殴られた。頭部の陥没骨折などの重傷を負い、病院の集中治療室で三カ月を過ごした。チャミサはベルギーで開かれる国際会議に出席する予定だった。当時の朝日新聞の取材に「(犯行に及んだのは)公安警察だったのは明らかだ。ムガベは、国際会議で政府の腐敗と暴力支配の実態を暴露されるのを恐れたんだろう」と答えた。

度重なる与党の妨害にもかかわらず、野党は国民から支持を集めた。当時のジンバブエがハイパーインフレに見舞われ、経済危機が深刻な状況だったのが最大の要因だ。二〇〇八年三月に行われた選挙の第一回投票で、民主化や経済再生を訴えたツァンギライの得票率は四七・九%に上り、四三・二%のムガベを上回った。

どの候補も過半数にならなかったため、決選投票が実施されることになったが、野党支持者への暴行や嫌がらせ、脅迫行為はさらに悪化。与党は軍や警察、退役軍人らを動員し、MDCは「支持者六〇人以上が政府や与党支持者に殺された」と訴えた。

ツァンギライは支持者らへの暴行被害を防ぐため、決選投票からの辞退を表明。イギリスのエリザベス女王も決選投票の直前、一九九四年に「反植民地闘争の英雄」としてムガべに与えていた名誉ナイト爵位を剝奪し、圧力をかけたが、「不戦勝」のような形でムガベが当選した。

それから一〇年後、私はチャミサにインタビューし、「ムガベ時代は与党や治安部隊が弾圧を繰り返していたが、今はどうなのか?」と尋ねてみた。彼は「豹《ひょう》は体の斑点を変えることができない」と語った。人間などの本質・性格は変えることができないという意味だ。「私たちはいまだに、暴力や恐怖に包まれた独裁政治の中にいる。ムガベ時代と何も変わっていない」と批判した。

ジャーナリストへの弾圧

与党側による弾圧は、メディアにも及んだ。米CNNや英BBCなどは二〇〇〇年代、国内での取材活動を制限された。ムガベが追い込まれた二〇〇八年の選挙戦では、取材許可はほとんど出なかった。取材許可がない状態で現地に入って取材をしていたとして、海外メディアの記者が拘束されるケースもあった。

政府に都合の悪い報道をしたと判断された地元記者も、嫌がらせや脅迫の対象になった。

ジンバブエの独立前から記者を続ける地元のジャーナリスト、ジオフレイ・ニャロタは、六度にわたって警察に逮捕された。「逮捕容疑の詳細は示されず、起訴されることもなかった」と話すが、逮捕される心当たりもあった。農地に不法侵入した集団が警察車両を使っていたと報道したからだ。留置場にいたのは最大で二日。逮捕されて釈放されてを繰り返した。自分の新聞社の印刷機が、手榴弾《しゅりゅうだん》で爆破されたり、警察が夜中の一時に逮捕しに来たりしたこともあった。「私の取材活動を妨害するための嫌がらせだった。日本では考えられないかもしれないが、ここでは警察などの治安部隊が法秩序を脅かす存在になり、彼ら自身が『法律』になってしまった。国民の英雄だったムガベやその側近たちは、権力や富を愛し始めてしまったのだ」。

物書きの仕事をこよなく愛している彼は今、多くの若いジャーナリストにこんな話をしている。「もし、君たちが成功者になりたいのなら、他の仕事にしなさい。もし、真にプロのジャーナリストになろうとするのなら、君たちは強大な敵をつくり上げてしまうことになる。その敵は、真実を掘り下げようとする私たちジャーナリストには親切心のかけらもない。私が生き証人だ」。

記者の端くれとして、彼の言葉はあまりにも重かった。日本とジンバブエのメディアが置かれた状況は違うが、真実を求めようとすれば敵ができるというのは、日本でも他の国でもあてはまることだろう。彼の話を聞いて、改めて真実を伝える大切さを胸に刻んだ。

第三章

経済崩壊

——一五年続く就職氷河期

ジンバブエの首都ハラレ中心部には、
露天商がいたるところで商売をしていた=2018年2月24日

お土産は「一〇兆」紙幣

首都ハラレにある国際空港の免税店でお土産を探していた時のことだ。三〇代くらいの男性店員に「この国でしか買えない、特別なお土産がある」と声をかけられた。搭乗の時間まではもう少しあった。暇つぶしだと思って、話にのってみることにした。

店員が引き出しから取り出したのは、厚さ二センチくらいの封筒。中身は、旧ジンバブエドル（ZD）紙幣の札束だった。その中で最も高い額面は一〇兆ZD。ゼロが一三も並んでいる。

ジンバブエは二〇〇八年、年率二億三〇〇〇万%以上のハイパーインフレに陥った。中央銀行は高額紙幣を次々に発行。ひどい時はバナナ一本で五〇億ZDになった。ZDは二〇〇九年には発行が停止され、二〇一五年に廃止された。価値を失ったZD紙幣は、お土産として売られるようになった。

店員は「私たちはずっと貧乏。人助けだと思って買ってください」と何度も頭を下げてきた。ハラレの街中で物乞いの子どもたちに出会うことはあるが、ここは国の玄関口の空

ハイパーインフレーション時に発行された10兆ジンバブエドル紙幣＝2018年7月20日

港の中だ。結局、根負けして一〇兆ＺＤ紙幣一枚を買った。値段は米ドルで五ドル（約五五〇円）だった。

同じような出来事は、世界遺産のビクトリアフォールズ（滝）でもあった。飲食店を探して路上をうろうろしていると、ＺＤ紙幣を持つ若い男性から話しかけられた。すでに何枚かＺＤ紙幣を手に入れた後だったので、「最高額の一〇〇兆ＺＤ紙幣があるなら買うよ」と私が言うと、「それはもう在庫がない。億ならいくらでもある」と答えてきた。

日本のオークションサイトで検索すると、いくつものＺＤ紙幣が出品されていた。現地だと一〇〇〇円で売っていた六枚入りの紙幣セットは、六五〇〇円で売りに出されていた。一〇〇兆ＺＤ紙幣にいたっては、一万円を超える値がついているものもあった。

ハイパーインフレに陥った経済危機は、ムガベ政権最大の失政の一つとして語られていた。祖国を離れ、隣国の南アフリカなどに渡る人は全人口の四分の一の三〇〇万人に上った。経済が崩壊した国で、国民はどうやって暮らしてきたのか？　そして今の暮らしぶりは？　私は興味をそそられた。

賞味期限切れの品で食いつなぐ

二〇一八年七月。白人政権時代に黒人居住区だったハラレのンバレ地区で、アントネット・チャレンバ（三二）と出会った。国の経済が破綻していた一〇年ほど前から、露天商の仕事を続けている。ジンバブエの失業率は、発表元によって五～九〇％と主張され、どれが正しいか分かりづらい。地方に行けば、農業に従事している人が多いが、都市部に行けば街中で時間をつぶすためにあてもなく座り込んでいる若者も目立つ。ただ、彼女のように、路上で商売をする人たちの姿は日常の光景だった。彼女らは税金などを払わず、その日暮らしで生計を立てている。

首都ハラレのンバレ地区で野菜を売るアントネット・チャレンバ＝2018年7月6日

どんな生活を送っているのかを知るため、彼女の一日に密着することにしてみた。午前六時前、まだ夜が明けないうちに彼女は目を覚ます。数切れのパンをほおばり、紅茶で飲み干す。二キロほど離れた市場に出かけ、ジャガイモやトマト、ピーマンを買いつけ、自宅近くの路上に木の台を置き、水で洗いながら載せていく。バナナやオレンジは一〇セント、ジャガイモやトマトはまとめ買いで五〇セントだった。スーパーで買うよりも二〇％から半額近く安い。

彼女が扱っていた紙幣は米ドルではない。ムガベ政権が「米ドルと同じ価値がある」と言って、二〇一六年から発行していたボンドノートという紙幣だ（政府の説明では一米ドル＝一ボンドノートだが、闇レートでは二〇一八年一一月時点で一米ドルは二・八ボンドノートになっていた）。

南半球のジンバブエは、私が訪れたこの時期が真冬だ。この日の最低気温は七度だった。洋服やセーターを何枚も着ても寒い。どうしても我慢できなければ炭に火を点《つ》けて温まるが、金銭的な余裕はない。手は凍え、思わず体を縮めた。私も薄手の服しか着ていなかったため、鼻水が垂れてくる。話を聞いている最中に鼻をすすっていると、フリースのコートを貸してくれた。夜の八時頃まで客を待ち続けたが、この日の客は一〇人ほど。売り上げは日本円に換算すると一〇〇円にも満たなかった。

彼女の家は、トタン屋根の平屋建て。別の住居人の家の一室を間借りして暮らしている。五畳くらいしかない部屋に、冷蔵庫と食卓、ベッドが置かれている。テレビ代は払えず、しばらく見ていない。日曜の午前中に教会に行く以外は、店番をしている。この日の夜は焼き野菜などを食べて、午後九時半頃に就寝した。

こんな状況でどうやって生計を立てているのか？　秘密は、地域住民との助け合いだ。同じ地区に住む女性たちとクラブと呼ぶ互助会をつくり、売り上げを分け合っているのだ。

首都ハラレのンバレで暮らす露天商のアントネット・チャレンバは、5畳ほどの一室で暮らす＝2018年7月6日

どんなに自分の売り上げが低くても、毎月一〇〇ボンドノート相当はもらえる仕組みだ。このような助け合いの商売を一〇年近く続けている。

だが、毎月の家賃で六〇ボンドノートを払い、子どもたちの学費を貯《た》め、食費に使えばあとは残らない。「夫や子どもの姿はないけど？」と尋ねると、夫は隣国のザンビアに職探しに出たままで、三人の子どもたちは実家にずっと預けているという。

彼女はンバレから約二〇キロ東に行った東部の街の出身。高校を中退し、二〇〇三年に一〇歳以上年の離れた夫と結婚し、ハラレに移り住んだ。夫は食料品などを運ぶ長距離トラックの運転手として働き、日本円で月に二万円以上を稼いだ。お金持ちとは言えなかったが、すぐに長男も生まれ、「幸せだった」と振り返る。

だが、結婚して間もなく物価の高騰が激しくなり、スーパーからは食用油や砂糖、塩が消えた。夫は仕事先から賞味期限の切れた食料品をもらったり、国外に仕事で出た時に買いだめしたりして、何とか食べつないだ。夫の給料だけではやっていけず、自分も露天商として野菜や果物を売るようになった。もっと子どもは欲しかったが、しばらくは三人家族の生活で精いっぱいだった。「ぜいたくなんて言ってられなかった。ご飯が食べられるだけでも、マシだったから」。

銀行に長蛇の列

ムガベは二〇〇七年六月末、「企業や商店はすべての商品の価格を半額にせよ。従わない企業は国有化する」と宣言した。「この狂気の物価上昇はイギリスの陰謀だ。我々は負けるわけにはいかない」とも訴えた。従わない企業や店の関係者は逮捕され、政府系メディアは数千人が逮捕されたと伝えた。

銀行のATMの列に並ぶ市民＝2018年8月2日

だが、もともと不足していた食料などの生活必需品やガソリンは、闇市に流れていった。先に紹介したチャレンバが露天商の仕事を始めたのもこの頃だ。食料品を売りさばき、わずかな利益を稼ぐのが生きる手段だった。食料品を独自のルートで手に入れられた彼女はラッキーだった。

首都ハラレなどの銀行では、預金を下ろそうと行列ができた。銀行が一日に引き落とせる額を制限したためだ。街中に流通する現金は極端に不足した。ハラレで車部品販売業を営むジョック・チグンブラ（五九）は、当時を思い出し、「一番しんどい時期だった」と振り返る。ムガベが価格半減令を出した時、二日間銀行に並んでも、預金を下ろせなかった。持病の関節炎の薬を買いたくても、薬局に在庫がなかった。ジンバブエに絶望した若者は国を去り、高齢者ばかりが残った。三人の娘も隣国の南アフリカに移住した。生活は今も苦しく、「一日三食、ちゃんと食べられたのは一九九〇年代の終わりまでだった」と語った。

国民は、現金不足を解消しようと、あの手この手で立ち回った。米ドルのような外貨を入手できる人たちは闇両替屋に行き、ZD紙幣と両替した。通常の両替の仕組みは現金同士の交換だが、当時のジンバブエでは現金をその場で受け取る以外に、自分の銀行口座に送金してもらうという手段もあった。そのほうがよりレートが良かった。送金してもらったお金を少しずつ銀行で引き出し、わずかな利益を稼いだ。だが、この手段もレートが変われば損をする恐れがあった。南アフリカなどで商品を大量に買いつけ、それを安値で売って現金を得る人もいた。

さらに、銀行の預金口座と紐《ひも》づいているデビットカードでいったん商品を買い、それを街中で他の人に現金で売る人も現れた。当時、研究のために現地に住んでいた早川真悠《まゆ》は著書『ハイパー・インフレの人類学』で、「スーパーマーケットやファーストフード店では、現金で買物をしようとしている人の支払いを自分のデビット・カードで『スワイプ』して代行し、代わりにその人から現金をもらおうとする人たちが、レジの周りにたむろしていた。二〇〇八年六月、七月ごろにはファーストフード店に、こうした現金目当ての多くの人が集まり、その数は客の人数よりも多いほどだった」と記している。

このやり方は、私がジンバブエで取材をしていた二〇一七年から一九年にかけても見られた。私がレストランやホテルの支払いを現金で済ませようとすると、隣にいた人から「代わりにカードで払わせて欲しい」と何度か言われたことがあった。銀行の引き出し額は制限されており、現金を得るチャンスだと思ったのだろう。

その様子を見て、私は日本で出会ったある男性のことを思い出していた。家計のやりくりに困り、消費者金融に手を出し、その返済の期限が迫っていた。銀行口座に貯金はなく、困り果てた彼はまだ使えていたクレジットカードで商品券を購入。それをチケットショップで売って現金に換えて、消費者金融の返済に充てていた。しばらくすれば、行き詰まることは誰の目にも明らかだ。だが、今を生きるために、そうせざるを得なかったのだ。

ジンバブエの場合は、国民のほとんどが日々の生活をやりくりするため、頭をひねる必要があった。例えそれが、「自転車操業」にも見える方法だったとしても、彼らはやるしかなかったのだ。

ムガベの失政

独立から一〇年近くは白人との融和に努め、経済も順調に回っていたジンバブエ。「アフリカの優等生」とも称された国の経済はなぜ崩壊してしまったのか？

先にも述べたが、その一つの原因が、元ゲリラ兵との関係の悪化だ。ムガベ政権は独立闘争に参加した元ゲリラ兵約七万人に対して、年金を支払っていた。彼らは、青春時代を草原地帯で過ごし、白人政権の兵士たちと戦った。政権にとって最大とも言える功労者であり、支持者だった。だが、独立から一〇年以上がたつと、年金の支給が遅れるようになった。

独立を目指して戦ったムガベや側近たちの汚職も次々に明るみになった。空港建設で賄賂が大統領側に渡ったと報道され、妻のグレースとの豪華な結婚式も快く思わない人が出てきた。年金の支払いが遅れているのも、一部が政治家などの懐に入っているとの情報もあった。

匿名を条件に取材に応じた元ゲリラ兵は「私たちは母国の独立のために戦った。それなのに、政治家ばかりがぜいたくな暮らしをして、私たちは惨めな暮らしを続けていた。裏切り行為だった」と打ち明ける。

一九九七年、元ゲリラ兵たちは与党本部に対する抗議活動を繰り広げた。彼らは国軍とのつながりも深く、政権に対するクーデターの動きも出た。慌てたムガベは対応を迫られ、彼らへの手当の増額を決めた。だが、その金額は一時金だけでも三五〇億円という膨大なものだった。それも、議会にしっかりと諮りもせず、財源の裏打ちもなかった。

元ゲリラ兵のもう一つの要求は、土地改革だった。ムガベたちは独立闘争で、「白人の土地を奪い返し、黒人に分配する」とあおっていた。だが、独立から何年しても、土壌の良い農地は白人が所有する状況が続いていた。ムガベは土地改革に本腰を入れる必要に迫られ、白人農地の接収を徐々に進めようとした。

だが、それもうまくいかず、二〇〇〇年代に入ると白人の土地を強制的に奪う政策に舵《かじ》を切った。元ゲリラ兵が白人農地を占拠し、白人農家に死者も出た。反発した欧米諸国は経済制裁を科すようになり、ジンバブエ経済は冷え込んだ。

妻のため？　コンゴ内戦に出兵

ムガベは一九九八年、内戦が続いていたアフリカ中部にあるコンゴ民主共和国への兵士の派遣を決めた。周辺の国々は政権軍につくか、反政府勢力につくかで分かれた。ジンバブエやアンゴラなどは政権側につき、ウガンダやルワンダといった国は反政府勢力を支援した。

ムガベは派兵の理由について、「私たち同盟国は、正当性があるコンゴのカビラ政権を支え、国家主権の原則を支持するため、兵士の派遣を決めた。アメリカやイギリスのような列強国が、コンゴに侵攻しているウガンダやルワンダを非難していない。それは、国連憲章の観点や国家主権の原則から見て、大変深刻な問題だ」と報道陣に語っていた。

だが、野党の政治家たちは「ムガベは、妻のグレースのために買ったコンゴのダイヤモンド鉱山を反政府勢力から守るために派兵を決めた」と騒ぎ立てた。ムガベ政権を取材し続けてきた地元紙の記者は「本当にグレースのための派兵だったかは分からない。だが、政治家や軍の幹部がダイヤモンド鉱山で儲《もう》けているとの情報は私のところにも入ってきていた」と打ち明けた。

コンゴは二〇〇一年に大統領だったカビラが暗殺されるなど、混乱が続いた。息子が跡を継いだ翌年に和平合意が結ばれ、ジンバブエ軍は兵士の撤収を決めた。派兵期間は約四年にわたり、ムガベ政権は四億ドル以上を出費し、国家財政を急激に悪化させることになった。

コンゴはその後どうなったのか？　大統領になった息子のカビラは二〇〇六年、一一年の大統領選に当選した。だが、東部を中心に武装勢力が乱立している状況は変わらない。ダイヤモンドだけでなく、銅やコバルト、金などの資源を巡る争いは絶えず、今も不安定な状況が続いている。

二〇一六年末には、二期目を満了するカビラの後継者を決める大統領選が実施される予定だった。だが、カビラは「選挙の準備が間に合わない」という理由で先延ばしを続けた。アフリカでは、治安が悪く、インフラ整備も行き届いていない国も少なくない。投票に向けた準備が滞るなどして、選挙が延期されることはたびたび見られる。

コンゴの憲法では、大統領職は連続して三期は務められないとの規定があった。カビラは自分に忠実な側近を後継者に立てて、二年遅れでようやく選挙を実施したものの、投票前から与野党の支持者が衝突するなど、多数の死者が出た。野党候補が勝利を収めた後も、選挙の不正が指摘されるなど、混乱は続いた。

私は二〇一八年一〇月から一一月にかけて、現地を訪れた。その年にノーベル平和賞を受賞した婦人科医のデニ・ムクウェゲや現地の状況を取材するためだった。インタビューに応じたムクウェゲは、一九九〇年代からの内戦で、約五〇〇万人が犠牲になり、数十万人が性暴力の被害に遭ったと語った。武装勢力は鉱物資源を資金源にし、地域の女性や少女たちをレイプしていた。

地元の警察官は外国人である私が乗った車を見つけると、運転手の免許証や保険証などを確認するために停車させた。何も問題がないはずだったが、彼らは「お金を払え。払わなければ逮捕する」と脅してきた。次の日も別の警察官に賄賂を要求された。

街中で取材していれば、格好の餌食だ。武装勢力に襲われることよりも、いかに警察官に見つからないように移動するかが大事になってしまった。

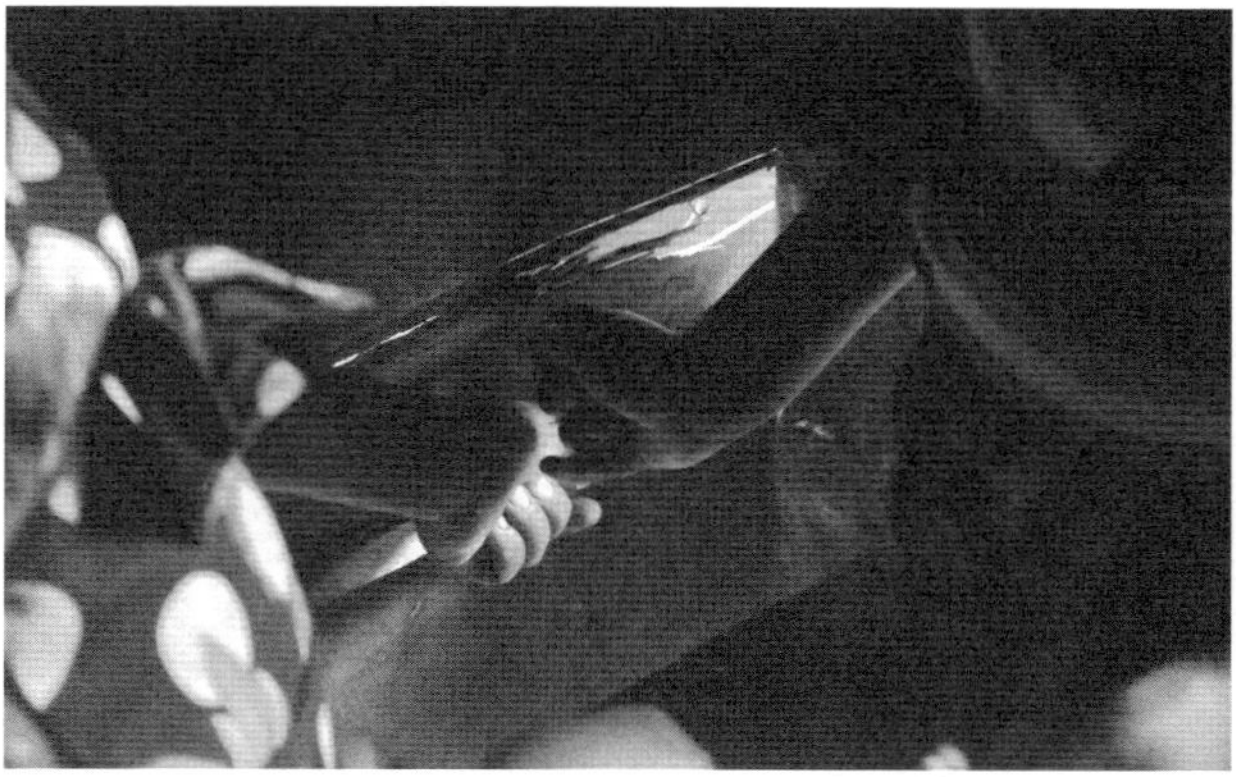

武装勢力から性暴力被害を受けたコンゴ民主共和国東部の村に暮らす幼い姉妹。取材時、お互いの手を握り合っていた＝2018年11月7日

七歳と六歳の娘が性暴力の被害に遭った母親（三五）に、選挙戦への期待を尋ねてみると、「期待するほうが無駄。政治家も警察官も、ほとんどが汚職にまみれている。こんな幼い娘まで、レイプ被害に遭っている。この国は革命でも起きない限り、何も変わらない」とつぶやくだけだった。

ムガベが母国の人命や多大な金銭負担をかけて派兵した国は今もなお、混迷にあえいでいる。

「失業率は九〇％」

ジンバブエは二〇〇五年以降、都市部の住民を中心に失業者がますます増加し、野党や労働組合は「失業者は九〇%に上った」と主張した。母国に失望した若い人は、競って国を離れた。社会のインフラを担い、ムガベが力を入れていた学校の教師や病院の医師も去っていった。

彼らは他国で働いたお金を母国で待つ家族に送金するなどしていた。最大の受け入れ国は、国境を接している南アフリカだった。私は、現地のコーディネート役をしてくれていたオスカー(三六)に、「経済が崩壊した当時に南アフリカに渡り、体験を話してくれる知り合いはいないか?」と軽い気持ちで聞いてみた。彼はすぐに、「私で良ければいくらでも話しますよ」と返してきた。

オスカーは、普段は旅行客のアテンドなどをして生活費を稼ぎ、私のような外国の記者が来れば、コーディネートを請け負っていた。かつてジンバブエで取材した先輩記者から紹介してもらい、仕事を頼む間柄になった。年齢も私と一つしか違わず、サッカー好きで、冗談好きの彼とはすぐに親しくなった。

待ち合わせ時刻に一五分遅れてきた彼を注意した時、「これだから日本人は。ここはアフリカだぞ」と笑っていた。そんな時は、「でもお前が仕事を一緒にしている人間は、時

ジンバブエでコーディネート役を担ってくれているオスカー：2018年7月7日

間にうるさい日本人記者なんだ」とやり返した。逆に、私が遅刻した時は、「アフリカに染まってきたな」と満足そうな表情を浮かべた。

彼の話を詳しく聞くのは初めてだったが、その体験談は私の予想以上に大変なものだった。

「自分たちはロスジェネ世代」

オスカーは一九八二年、首都ハラレから約二五キロ南東に離れた東マショナランド州の街で生まれた。銀行員の父と主婦の母、兄弟姉妹の七人家族だった。父が買った適度な広さの一軒家で、何不自由なく育った。公立の小学校を卒業後、近くにあった全寮制の学校に通い、二〇〇一年に大学に入学。社会学を学んだ。国の発展に尽くしたいと、将来はソーシャルワーカーやNGO職員になるのが夢だった。

だが、二〇〇五年の卒業当時、国の経済はすでに下り坂を迎えていた。スーパーの棚から石鹸《せっけん》がなくなり、食料品の値段が少しずつ上がっていた。ボランティアをしていたNGOに求人はなく、銀行や役所からスーパーマーケットまで、求人が出ていたところには応募した。募集人数が二、三人のところに、五〇〇人が応募してきていた。当時はリストラされる可能性が低い役所勤めが人気だったが、面接まで進んでも、内定はもらえなかった。

大学の同級生たちの多くも、職が見つからなかった。彼は「最悪の時期に就職活動をする羽目になった。よりによって、何で自分たちの世代が就職氷河期なんだって恨んだ。だけど、翌年もその翌々年も、状況はもっとひどくなった」と振り返った。

日本でも、一九七〇年から八二年頃に生まれた世代は就職難が続き、失われた世代（ロスジェネ）とも称されている。一九八一年生まれの私は最後の年代にあたり、就職試験も不合格が続いた。

志望順位が高かった会社の採用試験の最終面接で落ちた時は、家に数日間、引きこもっていた。だが、当時の私の家庭は、自営業だった父親の商売がうまくいかず、収入が半分以下に減っていた。教育ローンの返済もあり、七歳下の弟も進学を控えていた。「就職活動がうまくいかない」という理由だけで、留年をお願いできる状況ではなかった。最終的に、当時は珍しかった夏から秋にかけての採用試験で、運良く内定をもらうことができた。それが、新聞記者の仕事だった。

私はオスカーに自分の経験を伝えると、「自分たちも同じロスジェネ世代だ。だけど、ジンバブエは日本と違って、今の若い世代も同じように就職難だということだ。この国は一五年間、ずっと就職氷河期だ。ロスジェネも増え続けている」と力なく答えた。

彼は「今は、役所も採用を抑えていて、政治活動や教会の仕事が一番安定した仕事だ。大学を卒業しても、両替商のような仕事をしたり、南アフリカやナミビア、ザンビア、マラウイに英語教師として働きに行ったり、親戚を頼って移住したりしている若者が多い」と答えた。

一日で油の価格が三倍に

母国での就職活動をあきらめたオスカーは二〇〇五年八月、南アフリカのヨハネスブルクに移住することを決めた。自分の意志というよりも、大学の友人や母親から国を出るように薦められたのが後押しとなった。

住んだのは、アパルトヘイト時代に黒人専用居住区だったソウェトという街。かつて白人の現地語であるアフリカーンス語の授業強制に反対する生徒たちが大規模なデモを繰り広げるなど、反アパルトヘイト運動を象徴する場所だ。運動の象徴的な存在だったマンデラが、かつて住んだ家もあった。現在も当時の名残から住民の大半は黒人で、数百万人が住んでいるとされる。白人の姿を見かけることはほとんどなく、住環境は政府の支援で改善してきたものの、今でも電気がない地区もある。

オスカーはこの地で就職先を探したが、最初は労働許可証がなかったため、面接で落とされた。しばらくして有償のボランティア活動をようやく見つけ、地域のＨＩＶの調査や統計分析などの仕事を任された。月に二〇〇〇～三〇〇〇円程度、稼げるようになった。

オスカーが一時期暮らしていた南アフリカ・ヨハネスブルクのソウェト。富裕層が住む一角もあるが、トタン屋根に覆われた民家が並ぶ場所もある＝2018年6月12日

親戚の家でご飯を食べさせてもらい、スーパーの賞味期限切れ間近の商品をもらうなどして、生活していた。ウガンダ人やソマリア人、エチオピア人など、紛争や貧困に苦しむ国の人たちも移住して仲良くなったが、南アフリカの黒人に「よそ者は出て行け」とののしられたり、襲撃されたりすることもあった。

移住後、母国の経済はさらに悪化していた。食用油を買おうとすると、その日のうちに二倍、三倍の価格になったこともあった。石鹸もガソリンも、闇市場で買うしかなくなった。二〇〇八年に母国に一時的に戻った時、スーパーの棚ががらんとしている様子を見て、愕然《がくぜん》とした。

南アフリカに住んでいる自分を頼ってくる人も多かった。友人や知り合いの家族から、食料品を送るよう頼まれるのだ。だが、日本のように、宅配便ですんなり送ることはできないため、少しややこしい方法が採られた。まず、ジンバブエ側で、南アフリカ行きの長距離バスのドライバーに買い物リストと現金、ドライバーに払う「手数料」を渡してもらい、それを南アフリカ側で受け取る。その後、買い物リストに沿って南アフリカのスーパーで買い物をした後、ジンバブエに戻るバスドライバーに頼んで運んでもらうというのが、一連の流れだ。

おむつや石鹸、歯磨き粉、トイレットペーパー、バター、食用油――。とにかく何でも買った。バスドライバーは他の人からも買い物リストを大量に頼まれ、小遣い稼ぎに精を出していた。

銀行員だったオスカーの父親は、一般の人よりもまだ余裕があった。だが、南アフリカにたびたび来ては、ミルクや石鹸、ローション、卵、野菜、フルーツを山のように買っていった。「父親は当時、『最低でも二倍はジンバブエのほうが高いし、手に入りづらい』と嘆いていた」。

ZD紙幣の価値は日に日に目減りしていた。中央銀行は万、億、兆と、次々に高額紙幣を発行したが、物価上昇の前には焼け石に水だった。大きなバッグに大量の現金を入れて買い物をする人も目立つようになった。オスカーは苦笑いしながら言った。「国民の大半がビリオネア（億万長者）、いやトリオネアになった。当時のジンバブエは、中東のカタールやドバイなんて目じゃなかったんだ。何の価値もなかったけどね」。

「ムガベはアフリカの声を世界に届けた」

オスカーは二〇〇八年末、母国に戻る決意をした。総選挙を終えたムガベ政権が野党と統一政権を発足し、政治情勢に変化が生まれるとの期待感があったからだ。「祖国のために何かしたい」との思いもよみがえった。母親にそのことを伝えると、「気でも狂ったの？　強くなりなさい」と反対された。政治情勢は変わっても、経済は急激な物価上昇で国民の生活が困窮していることに変わりはなかった。それでも、意志は固かった。

母国に戻ると、南アフリカから浄化水を輸入して販売する事業や観光事業を立ち上げた。当時、首都ハラレでも停電や断水が続いていたため、仕事は順調に増えていった。経済危機を報じる各国のジャーナリストも相次いで訪れ、コーディネート役も任されるようになった。オスカーに支払われる報酬は米ドルがほとんどで、生活を安定させるうえで割の良い仕事になった。

二〇一一年には結婚し、長女も誕生。水の販売事業は競合が多くて儲からなくなったが、観光事業などを細々と続けた。私が仕事を頼むと、「母国の嫌なところだけじゃなく、良いところも報じてくれよ」とよく頼んできた。「ジンバブエは『独裁者が支配する国』だっていうイメージが強いけど、見どころはたくさんあるっていうのを多くの人に伝えたいんだ」とその理由を明かしてくれた。

ムガベをどう思っているかも聞いてみた。彼は「感情のままに行動をして失敗したことも多かったし、権力を長く持ちすぎた。ムガベの過ちは、経済危機で中流階級層を破壊させたこと、無職の大学生を大量に生み出したこと、劣悪な保健医療システムをつくったことだ。何より、経済危機で私たち国民が苦しんでいる時に、ムガベの息子たちが高価なシャンパンでパーティーをしたり、妻がダイヤモンドを買ったりしていた。彼の家族が、ムガベ自身の評価を落とした」と語った。

一方で、こうも言った。「ムガベは強烈な性格を持ったリーダーとして、欧米の植民地主義に対抗し、白人による黒人への人種差別をこの国から排除してくれた。欧米に対して、本音でやり合った。世界では、経済や軍事力で上回る欧米諸国の声がどうしても強くなり、アフリカの声はほとんど届かない。資本主義の世界の中で、ムガベはアフリカの声を届けようとした。黒人にスペースを与えてくれたんだ」。

「アフリカの声が各国に届きづらい」と言う彼の言葉は、正しいように思えた。多くのアフリカ諸国は経済規模がまだまだ小さく、発言力も小さい。欧米や国連機関から多額の支援を受けている国もあり、先進国と呼ばれる国に気を遣っているように見える。

実際、二〇一八年一月、アメリカの大統領、ドナルド・トランプがアフリカや中米諸国のことを「ｓｈｉｔｈｏｌｅ」（肥だめ）と呼んだとメディアで報じられた時、真っ向から反論するアフリカの首脳は驚くほど少なかった。もし、ムガベが大統領のままだったら、トランプに痛烈な反論を浴びせていただろう。そして、欧米のことを嫌う人々から、「さすがムガベ」と、称賛を浴びていたはずだ。

第四章　土地は誰のものか
——白人との対立

南アフリカのフリーステート州で羊を育てる農家の男性=2019年3月26日

過去の清算

「南アフリカのボンスマラ牛は、最高の牛だ。日本の和牛も世界的に有名だが、質では負けていないはずさ」

南アフリカのフリーステート州。白人経営者が牧畜業を営むセンリックグループのパトリック・シークワラクワトゥラ（四八）は、囲いに入った赤茶色のボンスマラ牛を指さして、胸を張った。彼は黒人だが、幹部として経営者の白人を支え続けてきた。

この国はかつて、イギリスなどの植民地支配が長く続き、悪名高きアパルトヘイト政策が進められた。白人専用の住まいやレストラン、列車の客席ができ、黒人は限られた地区に住むよう強制された。白人が優先的に土地を確保し、農業やビジネスに利用した。国民的人気のあったネルソン・マンデラは一九九四年に黒人初の大統領に就任し、人種間の融和を訴えた。法律に基づいて白人が黒人を差別する時代は終わり、人種に関係なく、平等な社会の実現を目指した。だが、白人が大半の土地を手にしている状況は、二〇年以上たった今もほとんど変わっていない。

南アフリカのフリーステート州で牧畜業を営むセンリックグループのパトリック・シークワラクワトゥラ＝2019年3月26日

マンデラは土地改革をせず、白人・黒人の貧富の差を放置したとして、「国を売った」と言う人もいた。だが、シークワラクワトゥラの意見は違った。「もし、マンデラが一九九四年に土地改革を実行していたら、南アフリカはジンバブエと同じようになっただろう」と、マンデラに理解を示したのだ。

「知識もない黒人たちに農地を与えても、荒廃させてしまうだけだ。白人農家は、雇用を創出し、彼らの自立を助けてきた」と白人の肩を持った。

「それは、アパルトヘイト時代に取得した土地ですよね？　公平とは言えない状況で取得した土地もあるならば、いくらかは返すべきだとは思いませんか？」と率直な疑問をぶつけた。

「土地が欲しいと話すのは簡単だ。だが、我々南アフリカの黒人は、怠け者だ。黒人は自分たちの手を汚したくない。誰かにやらせがちだ。白人農家は自らトラクターを動かし、自ら耕作し、収穫する。農場経営は簡単ではない。天候に左右され、家畜の体調管理や病気を予防するための薬も必要だ。言わば、長期的な投資。知識に加えて、情熱がなければ成功しない。私たちは、白人農家を必要としている」

自分たち黒人のことを「怠け者」と批判する人に出会ったのは、初めてのことだった。白人が同じようなことを言ったとしたら、途端に「人種差別だ」と批判を招くのは間違いない。

彼はこうも付け加えた。「ジンバブエは、ムガベの土地改革の結果、知識もない人々が土地をもらい、収穫量が激減した。私が言えるのは、ビジョンがなければ行動を起こすな、ということだ。ムガベはまさに、ビジョンもなく、土地改革を実行した。ジンバブエの農業や経済はかつて、南アフリカよりも良かったんだ。それが今はどうだ。経済は崩壊し、失業者であふれている。ムガベは愚かで、使い物にならない指導者だ。ジンバブエが回復するには、一〇年以上はかかるだろう。南アフリカは決して、ジンバブエのようにはならない」とまくしたてた。

隣国のジンバブエの土地改革にここまで激高するのは予想外だった。だが、彼が「私の妻はジンバブエ人だ」と打ち明けたことで、合点がいった。

二〇一九年五月、南アフリカでは日本の国会にあたる国民議会の議員を選ぶ総選挙が実施された。争点の一つになったのは、白人が約七割を保有する土地を巡る政策だ。与党アフリカ民族会議（ANC）党首で、前年の二月に大統領の座に就いたシリル・ラマポーザが「白人の土地を補償無しで接収していく」と、土地改革を宣言したのだ。白人を支持基盤にする最大野党・民主同盟（DA）は慎重な姿勢を見せる一方、黒人の若者から支持を集める第二野党・経済的解放の闘士（EFF）は「即時の実施」を要求するなど、さらに強硬的だった。

私は、国内で農業を営む人たちに、土地改革の是非を聞いて回った。その一人がシークワラクワトゥラだった。

彼は約五五〇〇ヘクタールもある土地を我々に案内しながら、「都会の人は、農家が自分たちの食事を支えていることを忘れがちだ。私たちがいなければ、彼らは飢えてしまうのに」とつぶやいた。

私が他の農家にも話を聞きたいと伝えると、案内役を買って出てくれた。四輪駆動車の彼の車の後を、私の車が続いた。未舗装の道を一〇〇キロ超の猛スピードで飛ばしていく。必死で後をついていこうとしたが、砂煙が舞う道では六〇キロが限度だった。

「早くしないと日が暮れてしまうよ」と笑われたが、事故を起こすよりはましだ。三〇分

南アフリカの総選挙前に与党アフリカ民族会議（ANC）の選挙集会で
演説をする大統領のラマポーザ（左）＝2019年5月5日

ほど走ると、牛や羊の大群が出迎えてくれた。三〇代の兄弟が経営する牧場だった。二〇一七年に彼らの父親が貯金をはたいて、二五〇万ランド（約二〇〇〇万円）で一七六ヘクタールの土地を買った。兄弟は以前、都市部に住んでいたと言うが、「都会にいても満足な仕事はない。農業のほうが儲かるんだよ」と笑った。

補償無しで白人の土地を接収するという政府の公約について意見を聞いてみることにした。「もともと我々黒人のものだし、補償無しで返してもらうべきだ。ただし、白人農家が使っていない土地で、農業の知識がある人に渡さないと意味はないけど」と彼らは口を

南アフリカの総選挙前に記者会見をする経済的解放の闘士（EFF）党首のマレマ＝2019年4月10日

そろえた。
五月八日の総選挙で、与党ＡＮＣは五七・五〇％の得票率を獲得し、政権の座を守った。だが、汚職疑惑が相次いだ前大統領の不人気もあり、得票率は過去最低に終わった。その一方、ＥＦＦは前回選挙より四ポイント以上得票率を伸ばすなど躍進。アパルトヘイト時代の圧政を知る世代には与党のＡＮＣを支持する人が多い中、当時を知らない黒人の若い世代や貧困から抜け出せない人たちの支持を集めていた。

党首のジュリアス・マレマは選挙前の記者会見で、こう語っていた。「私たちが政権の座に就けば、土地の接収を進めるために憲法をすぐさま改正する。（白人に）盗まれた土地を返してもらうのに、補償をするなんて国への裏切りだ」。

広大な国土は、後からやってきた白人のものではなく、黒人のものだ。奪われた土地を奪い返して、何が悪い――。彼の物言いは、白人への敵視はもちろん、人種間の分断をあおってでも黒人の権利を推し進めていくという意志を感じさせた。それは、二〇年近く前に、ジンバブエのムガベが実施した土地改革を思い起こさせるものだった。

アフリカのパンかご

ムガベが「独裁者」と欧米諸国から批判されるようになった決定的な出来事は、多くの農地を持っていた白人との対立だった。白人農家の祖先の多くは、セシル・ローズ率いるイギリス南アフリカ会社による占領が始まった一八九〇年代以降、イギリスなどヨーロッパから移住してきた人たちだった。南アフリカと同じように、白人政権による植民地時代が続く中で、優先的に土地を手に入れることができたのだ。

ジンバブエ大学などで教壇に立った吉國恒雄はその著書『燃えるジンバブウェ』で、「独立時大農場は、数にして六〇〇〇ほど、総面積は一五五〇万ヘクタールであり、国土の四〇％、農業条件に恵まれた土地の大半を占めた」と記している。彼らは、農業条件に恵まれた肥沃な土地を使い、大型のスプリンクラーやトラクターなどを使って、タバコやトウモロコシ、大豆などを栽培した。吉國は、「一九八〇年には全国農業生産高の八割、出荷高の九割以上を大農業部門が占めた」とも記している。一方、国民の大多数を占める黒人は、白人入植者が取得しなかった残りの地区で、主に小規模農業に汗を流した。彼らの生産力も高く、ジンバブエは「アフリカのブレッド・バスケット〈パンかご〈胃袋〉〉」と呼ばれるほど、農業国としての地位を築いた。

ムガベらが率いた独立闘争の大きな目的は、白人支配を終わらせ、黒人の土地を取り戻すことだった。一九七九年にイギリスなどとの間で結ばれた「ランカスターハウス制憲協定」で、ムガベは黒人勢力による独立を認めさせ、黒人向けの土地分配に向けて資金援助も取りつけた。一方で、今後一〇年間は白人の土地を強制的に接収しないことを約束した。

吉國によれば、ムガベ政権は独立後、土地再入植計画を発表し、「一六万二〇〇〇戸の農家を八三〇万ヘクタールの土地に入植させる」目標を掲げた。一九八九年六月までに、内戦で家や土地を失った五万二〇〇〇もの黒人農家に面積にして二七一万ヘクタールを分配し、イギリスも土地の購入費用の一部を支援したとされる。一九八〇年代に干魃《かんばつ》に襲われた際も、他のアフリカ諸国で一〇〇万人以上の死者が出る中、ジンバブエは危機を乗り越えてみせた。

だが、課題も噴き出した。黒人が与えられた土地の多くは、悪条件の農地や飛び地が多く、黒人貧困層の定住はなかなか進まなかった。ムガベの側近らが優先的に土地分配の恩恵を受けたと指摘され、汚職疑惑もあった。さらに、白人が所有する農地については、彼らが「売り出す」と言わなければ、購入できなかった。そのため、独立時にイギリスとの間で交わされた「一〇年は強制接収をしない」という取り決めが終わった後も、土地改革はほとんど進まなかった。

転機は、ムガベの支持基盤だった元ゲリラ兵の反乱だった。一九九七年、年金の支払いが遅れていたことなどを理由に、彼らは与党本部で抗議活動を繰り広げた。この頃、ムガベや側近の汚職が報じられる一方、教育をまともに受けられなかった元ゲリラ兵は貧しい生活を強いられていた。ムガベは彼らの年金の増額とともに、土地改革に再び力を入れるようになった。だが、時のイギリスのブレア政権は、ムガベによる土地接収の動きを警戒。

ムガベが、隣国でもないコンゴ民主共和国にジンバブエ軍を派遣し、財政を悪化させたことや政府高官らの汚職の広がりにも、イギリスなどの欧米諸国は懸念を示した。

一方で、元ゲリラ兵や狭い土地しか持たない黒人農家たちは一九九〇年代末から、白人農家が自分たちの権利を侵害しているとして、敵意を強めていった。政治家も「白人の土地は我々の先祖から取り上げたものだ」と訴えるなど、白人に対する憎悪の感情をあおった。

破壊された農地

二〇〇〇年、ムガベ政権は、白人農地を強制接収し、黒人に再配分することを目的とした土地改革政策「ファスト・トラック」を始めた。この時を待っていたとばかりに、元ゲリラ兵が次々に白人の農地に侵入した。農地に居座り、反発する農家に暴行し、犠牲者まで出た。彼らの標的は、自らの資金で土地を買った白人農家にも及んだ。

白人農家のマイク・クラーク（六九）は一九八二年、ジンバブエ南東部のマシンゴ州の土地数千ヘクタールを購入した。独立後に、国民の融和を訴えていたムガベの言葉を信じ

首都ハラレにある元白人農家らでつくる商業農家組合の事務所で取材に応じるマイク・クラーク＝2018年5月30日

たからだ。雨量が安定しない土地だったが、一から灌漑設備やため池をつくり、トウモロコシや小麦を育てた。

「安定して作物が収穫できるようになったのは、土地を購入して一〇年くらいしてから。黒人も雇い、一緒に働いていた。緑が一面に映えたとても美しい場所だった」

だが、ムガベの土地改革の号令とともに、元ゲリラ兵らが次々に侵入してきた。周りの白人農家も襲撃され、負傷する人が出ていた。彼らは、「この土地は我々の祖先のものだ」と主張してきた。クラークが「この土地は自分のお金で買ったものだ」と言っても、聞く耳を持たなかった。身の危険を感じ、妻と娘とともにハラレに移り住んだ。

数年後、自分の土地を訪れると、約二〇〇世帯の黒人に分配されていた。彼らの多くは、その土地を別の世帯にまた貸しするようになった。地元の政治家の知人は二〇〇ヘクタールを与えられた。トウモロコシなどを栽培する人もいたが、多くは知識も経験もなく、家畜を放牧させ、土地を荒廃させた。

「Google Earth で自分の土地があった場所を検索してみたら、一面が茶色に染まっていた。緑色の美しい土地だったのに、全てが破壊されてしまった」

彼は、イギリスで生まれ、幼少期に両親に連れられて、白人政権時代のジンバブエにやってきた。この国で学校に通い、仕事をしてきた。両親はすでに他界しており、「イギリスに戻れと言われても、戻る場所はない。私のルーツは、この国なんだ」と語った。

「ムガベについてどう思っているのか？」

質問を投げかけると、彼は語気を強めた。

「全部、彼が始めたことだ。独立後は和解を訴えていたのに、いつの間にか選挙のたびに土地改革を訴え、独立闘争は土地を奪い返すためだったと主張するようになった。私は、黒人と一緒に育ち、働いた。ムガベが（土地問題を）人種問題にしたんだ」

「植民地時代に白人が取得した土地を返すべきだったという意見もあるが？」との問いに、彼はこう答えた。

「白人の農地のいくつかは、黒人に分配する必要はあったと思う。黒人だろうが白人だろうが、例え桃色や紫色の人がいようが、全ての人が土地にアクセスする権利はあるべきだ。ただし、強制的に奪うのではなく、もう少し適切なやり方があったのではないか。この国の農業は、破壊されてしまった」

彼はマシンゴ州の農地を離れた後、白人大規模農家を中心にして構成されてきた商業農家組合で働くなどして、生計を立ててきた。「この国の問題を解決するために、私たちも協力したい。私の家はここなのだから」と話す一方、「政府によって強制的に接収された私たちの財産や家、仕事は補償されるべきだ」と訴えていた。

「土地改革は権力維持のため」

商業農家組合の会長、ピーター・ステイル（六五）も、ハラレ近郊の事務所で取材に応じた。

「ジンバブエの独立後、七、八年は順調だった。ムガベは（白人と黒人の）和解を訴え、農業のインフラ整備も維持できていた。ビジネスもうまくいっていた」

彼は独立当初、ムガベ政権を支持していたというが、しばらくして、誤った評価をしていたことに気づいた。「二〇〇〇年代に入って彼がやったこと、特に土地改革は自らの権力を維持するためのものだった」。

「なぜそう思うのか？」と聞くと、彼は淡々と当時の様子を話し始めた。

当時、農業省には、農業高校出身の農事普及員と呼ばれる職員がいた。トウモロコシの種や殺虫剤などを個人農家に配布し、生産態勢を維持していた。だが、普及員の待遇は改善せず、有能な職員は徐々に辞めていった。

ムガベが二〇〇〇年に土地改革「ファスト・トラック」を打ち出した時、組合に加盟する白人農家は約四〇〇〇人だった。ステイル自身もマニカランド州にあった六〇〇ヘクタールの農地で綿や小麦などを栽培していた。

元ゲリラ兵が「白人は出て行け」との訴えを強めると、ステイルは荷物をまとめてすぐ

元白人農家らでつくる商業農家組合会長のピーター・ステイル＝2018年5月30日

に農地を去り、中古機器やジャガイモの種を販売する商売を始めた。

「元ゲリラ兵の行動は、ロシア革命で政府や農民が地主の土地を強制的に接収していた手法に似ていた。何が起きているか、すぐに理解できた。早く去らないとまずいと思った」

悪い予感は当たった。組合のメンバーだった白人農家は襲撃に遭い、強制的に土地を追われた。一三年後、彼は自分の農地に一度だけ戻った。土地の多くは、ムガベが率いた与党のメンバーに優先して分配されていた。

恩恵を受けた人の多くは、農業の知識や

経験が浅く、農地は荒廃した。「土地を失い、親しい知人らを埋葬するような感覚に襲われた。農業は時間と手間がかかるビジネスだ。片手間ではできない」とため息をついた。

土地改革は何をもたらしたのか。

「(ムガベが)農地を破壊したことで、多くの失業者が出た。土地改革によって実際に土地を取得できたのは三〇万人くらいだろう。だが、国全体の失業者は数百万人に上った。私の言っている意味が分かるかい?」と、彼は問いかけてきた。そしてこうも言った。

「一九九〇年代までなら、豊作の年はトウモロコシ栽培の八〇%は黒人が中心の小規模農家が生産していた。隣国のザンビアにも輸出できていた。その分、白人農家は大豆や他の穀物などを生産していた。私たち白人農家が追い出された後、灌漑設備などのインフラが崩壊し、支援策もなくなった。白人農家のもとで働いていた黒人も職を失った」

この国の農業を再生させるのには、時間がかかる。当時、農業の担い手だった白人農家の多くは今、六〇、七〇代になった。組合に加盟するメンバーは、二〇分の一に減った。

ザンビアに渡った白人農家

商業農家組合会長のステイルは取材中、「二〇〇〇年代の土地改革で、一〇〇組近い白人農家が隣国のザンビアに渡った。その後、ザンビアのトウモロコシの生産量が飛躍的に伸びた」とこぼしていた。その言葉が気になり、私はザンビアに向かうことにした。

しかし、紹介してもらった白人農家となかなか連絡が取れず、時間だけが過ぎていった。アフリカでは電話回線が日本ほど発達していない。何回かかけて、ようやくつながったと思ったら、雑音がひどすぎて会話にならないこともしばしばある。一カ月後、ようやく電話がつながり、取材許可をもらうことができた。ただ、指定された取材日時の前後に、別の出張を抱えていた。

私が担当する取材エリアは、アフリカ大陸の四九カ国に上る。ジンバブエ関連のニュースだけを取材すれば良い訳ではない。赴任してから二年近くで、訪れた担当国は二〇カ国以上。日本の自衛隊の施設部隊が国連平和維持活動（ＰＫＯ）で二〇一七年まで派遣されていた南スーダンや、イスラム過激派「ボコ・ハラム」が襲撃を繰り返すナイジェリア北東部、野生動物の宝庫のケニア――。取材分野も、政治・経済から文化、スポーツまでと幅広かった。

さらに、アフリカと一言で言っても、その面積は中国とインド、アメリカを足しても足りないほどの大きさだ。最南端の南アフリカからだと、飛行機の乗り継ぎも含めて一日がかりの移動になることがしばしばあった。ジンバブエの取材はこれまで、大統領選挙などの節目を利用して出張を繰り返し、関係者に会うよう努めてきた。

この時の私は、中国が主催し、アフリカの首脳らが一堂に会す「中国アフリカ協力フォーラム」の取材と、アフリカの貧困国からサハラ砂漠や地中海を越え、ヨーロッパにわたろうとする移民・難民の取材準備に追われていた。どちらも、各国に派遣されている同僚記者と分担して取材にあたる仕事だった。現地での移動手段の確保や取材ビザの取得にも労力がかかっていたため、今さら後回しにはできなかった。

ただ、ザンビアに移り住んだ農家も、次にいつ会えるかは分からない。私は、ヨハネスブルク支局助手のレフロゴノロ・モコテディ（二七）を派遣することに決め、白人農家への質問を託した。

ザンビアの首都ルサカ近郊に住む白人農家のグラハム・ラエ（六〇）は、ジンバブエ北東部の中央マショナランド州の街で生まれ育った。彼の曾祖父は第一次世界大戦前に移住してきた。

二〇〇〇年、他の白人農家同様に、一一〇〇ヘクタールほどあった彼の農地に、元ゲリラ兵が嫌がらせをし始めた。「ここから出て行け」と言われ、黒人従業員が暴力を振るわれた。知り合いの白人農家も殺害されていた。三度にわたって居座られ、「戦うか退くかの決断を迫られた。ただ、私には小さな子どももいた」。二〇〇一年一一月、彼は最低限の家財道具を運び出し、故郷だと思っていたジンバブエを去った。

移住先のザンビアに頼れる先はなかったが、ジンバブエで口座を持っていたイギリスの大手銀行に頼み込み、最低限の生活は送れた。タバコやトウモロコシ、小麦、ジャガイモなどを栽培していた知識と経験もあり、現地の農業会社に雇ってもらえた。自分で土地を購入し、一から出直そうかとも考えたが、「リスクを最小限にしたかった。それに、家族を養うためにすぐに給料が必要だった」と彼は話す。

勤め先は、一七もの農場を保有し、トウモロコシやブルーベリーなどを栽培している。「農業は簡単ではない。とても厳しい仕事だ。まとまった資金が必要だし、生産量は天候にも左右される」。

「ムガベの土地改革についてどう思うか?」

他の農家と同じ質問を投げかけると、「土地改革が本当に必要だったとは思わない。政治的な道具にされただけだ。南アフリカだって同じだ。権力を持っている人間とその周りだけが金持ちになり、日々の仕事を真面目にしている普通の人々は、黒人だろうが白人だろうが、貧しくなっていく」と答えた。

彼も同じく、「ジンバブエの独立直後は、栄光の時代だった」と振り返った。植民地政権が整備した道路などのインフラが残ったままで、学校や医療機関も充実していた。政府の農業部門も、農業生産を充実させるために協力を惜しまなかった。だが、ムガベが政権を取って何年もすると、状況は悪化していった。

「課税がうまくいかず、不自然な支出を繰り返し、お金は底をついた。絶対とは言わないが、土地が戻ってくることもないだろうし、私がジンバブエに戻ることはないだろう。ムガベは冷酷で、賢い。汚れ仕事は自分ではやらず、取り巻きの人間がやっていた。とてつもなく頭が切れる」

「黒人は、土地をもらう権利がある」

ムガベの土地改革を批判する何人かの白人農家の思いを聞いた後、私は土地改革の恩恵を受けた黒人農家にも話を聞くことにした。一方の話だけでは、偏りが出ると思ったからだ。

首都ハラレから南東に約一四〇キロ離れたマニカランド州の村。舗装された道路が終わり、凸凹の道を抜けると、五〇頭近い小ヤギが飼育された小屋を見つけた。マニカ（五九）と名乗る男性一家の農地だ。タバコやトウモロコシの栽培のほか、牛やヤギを育てて出荷している。

元軍人の彼は取材当初、遠い極東の地から来た私のことを観察するかのように接し、口数も少なかった。私は、南アフリカの中国食材店で買った日本製のチョコチップクッキーを手土産として渡し、不審者ではないことをアピールした。

取材したのが大統領選直後だったこともあり、彼は大統領に選出されたエマソン・ムナンガグワの顔写真が入ったTシャツを着ていた。「予想通りの勝利でしたね」と持ち上げると、気分を良くしてくれたのか、少しだけ話を聞かせてくれた。

彼は、首都ハラレで五人兄弟の長男として生まれた。両親の稼ぎは少なく、中学一年の時に教育費が払えずに中退。一七歳で独立闘争に参加した。

「当時は、白人が政治を支配していた。私たち黒人は、教育を受けたり稼ぎが良い仕事に就くのはほぼ不可能だった」

ムガベが率いた組織に加わり、四年近く隣国のモザンビークの草原で生活。白人政権軍の兵士にゲリラ攻撃をしかける日々を送った。独立を勝ち取ると、そのままジンバブエ軍に入隊した。一九九〇年代後半には、国の財政を悪化させたコンゴ民主共和国の内戦にも派兵された。

ムガベは二〇〇〇年、肥沃な場所の大半を占有していた白人の農地を強制接収し、黒人に分配する土地改革を断行し、その二年後には、南アフリカでの国際会議で叫んだ。「我々は自分たちの土地や主権のために戦った。我々は小さいが、独立を勝ち取った。血を流す覚悟はできている」と。

マニカは同じ年、政府から六〇ヘクタールの農地をもらった。白人農家が一世帯で三〇〇〇ヘクタールを所有していた場所を、三〇人以上の黒人用に分配していった農地の一角

元軍人で、今はマニカランド州の村で農業を営むマニカ＝2018年8月4日

だった。

「我々軍人は、国を守るために戦ってきた。土地をもらう権利はある」と彼は言った。与えられた場所は、何のゆかりもなかったマニカランド州の村だった。場所を選ぶ権利はなく、家族とともにハラレから移り住んだ。農業の知識もなかったが、独学でその知識を得た。

彼は、独立前の約束を守り、土地を黒人に分配してくれたムガベのことを尊敬していた。二〇一五年に除隊した後も、地元で何か不穏な動きがないか、情報収集を怠らなかった。与党を支持する仲間との連絡も絶やさず、選挙集会や与党の行事があれば欠かさず出席している。

今の心配は、この国の将来だ。四人の子どもがいて、息子の一人は弁護士資格まで得たが、まともな仕事はないままだ。「各国から投資が来れば、この国の経済も回復し、子どもたちも仕事が得られるはずだ」とつぶやいた。

中国人に頼るタバコ栽培

「土地改革で元ゲリラ兵にわたった土地は二〇%ほど。後は経験のある小規模農家に分配され、新たな機会を創出した」。黒人農家でつくる農業組合の会長を務めるエドワード・ドゥネ(五八)も、ムガベが進めた土地改革は意義があったと強調した。彼は小規模農家の出身で、マニカの農地から数キロ離れた六〇ヘクタールほどの土地でタバコやトウモロコシを栽培していた。

特に力を入れるのが、タバコ栽培だ。年間四〇〇〇キログラムを生産でき、一キロあたり三ドル前後で売れる。他の黒人農家も次々に参入し、二〇一六年には国内全体で二億二〇〇万キログラムのタバコが売られ、その多くを海外に輸出。国の輸出額全体の約四分の

黒人農家でつくる農業組合の会長を務めるエドワード・ドゥネ（右）と妻。マニカランド州でタバコなどを栽培する＝2018年8月4日

一相当を占めるまでになり、外貨不足が慢性化している国の貴重な外貨獲得手段になっていた。

もともと、タバコの売り上げは二〇〇〇年の約二億三七〇〇万キログラムがピークだった。ムガベの土地改革で白人農家が去り、欧米からの経済制裁の影響もあって、二〇〇八年には四八七七万キログラムまで減少。だが、その後は着実に回復してきた。

ジンバブエ経済を支えたのが、二〇〇〇年代からアフリカへの進出を加速させた中国だ。欧米との関係が悪化したムガベ政権は二〇〇三年頃から、経済、軍事の両面で急速に中国との関係を強め、「ルックイースト」というアジア重視の外交政策を掲げた。中国も、ジンバブエの豊富な鉱物資源と、高い農業生産性に目をつけ、「古くからの友人」（中国外務省）の立場を生かして、ジンバブエへの経済進出を加速させた。

タバコも例外ではない。二〇一六年のタバコの輸出先の国別内訳を見てみると、中国には七〇〇〇万キログラムで、全体の四割以上を占めてトップだった。ドゥネ自身も、栽培したタバコの多くは中国に輸出していると言った。

これだけ見ると、ムガベの土地改革は月日を重ねることで、成功しているかのように見える。だが、この成長の実態にはからくりもある。タバコ産業販売連盟の統計によれば、二〇〇〇年のタバコ生産者は八五三七人のみで、現在より多い売り上げがあった。それが、タバコ農家の人数は二〇一四年には一〇倍以上に増加。農地の面積も二〇〇〇年より広くなっていた。つまり、黒人農家の数が増え、彼らが職や稼ぎを得るようになったものの、効率性という意味では低下しているのだ。

組合会長のドゥネの農地も見せてもらった。タバコはすでに収穫済みだったが、野菜を栽培していた。「水をまくから手伝ってくれ」と言われ、指さされた場所には足で上げ下げするペダルが置いてあった。「これを動かすと、水が出てくる仕組みだ」と言われてやってみると、なかなかの重労働だった。五分ほど足を上下にすると、ふくらはぎに張りを覚えた。学生時代にサッカー部員だったのを過信しすぎていたようだ。

余談だが、この出張の後、体力不足を痛感した私は、日本人の駐在員らが結成していたフットサルチームに参加させてもらうことになった。初めてプレーした日は、五分もすると息があがった。味方の選手にパスを出そうとしても、足が絡まって転倒。あまりにも情けなかった。一カ月もすると、転ぶことはなくなったが、仕事が忙しくなり、ほとんど参加できなくなってしまった。三日坊主でなかったのがせめてもの救いだったが、運動不足は変わらなかった。

私がペダルを上下に動かす様子を見ていた黒人農家のドゥネは、「タバコの生産は順調だが、農家の育成や設備投資は課題だ」と認めた。トウモロコシなどの生産は採算が取れず、食料品などは他国からの輸入に頼る品も多いと言う。

彼はタバコを吸ったことがない。「体に良くないと知っているから。でも、生活があるからタバコの栽培をしている」とこぼした。

そして、思い出したかのように、「日本人はタバコを吸うのか？」と聞いてきた。

「日本国内で税金も上がっているし、私の周りではやめる人が多くなってきている。国内市場の調子が良いとは言えないと思う」と答えると、五人の子どもがいる彼は残念そうに、「そうか。中国人がタバコをやめたら、大惨事になるな」と顔をこわばらせた。


「我々の土地を取り戻しただけだ」

ムガベの土地改革は、白人農家にとっては「悲劇」「失敗」であり、黒人農家にとっては「権利」「成功」だった。置かれた立場によって、考え方はこうも違うのだ。黒人からは、植民地時代に奪われた土地を取り戻しただけ、との主張も聞かれた。だが、自らの資金で土地を購入した白人農家を暴行し、脅迫し、殺害までする様子が報じられると、欧米諸国との関係は地に落ちた。

かつて、「アフリカのパンかご」と呼ばれるほどの農業国だったジンバブエの姿は、今も取り戻せていない。欧米諸国からは経済制裁を科され、経済援助も削減された。土地改革の影響やムガベの場当たり的な政策によって、途方もないハイパーインフレに襲われ、都市部を中心に失業者があふれたことは前章で記した通りだ。

私と同僚が二〇一三年六月にムガベにインタビューした時、彼は土地改革についてこう話していた。「土地を巡る政策は、イギリスなどの同意を得ていた。白人農家への補償は、イギリスのブレア首相が支援すると言っていたんだ」。そして、「我々は、自分たちの土地を取り戻しただけだ」と二度繰り返した。「自分たちは何も悪くない。悪いのはイギリスだ」とでも言わんばかりの説明だった。

ムガベが推し進めた土地改革は、植民地支配の遺産との闘いだった。だが、彼はインタビュー中、元ゲリラ兵によって農地を追われた白人には言及しなかった。独立時に国民の融和を求めていたムガベの姿は、そこには感じられなかった。白人の農地を強制的に接収した土地改革の実行は、多数の黒人から支持を集める一方で、欧米諸国を中心として「独裁者」としての負のイメージを大きく植えつけることになった。

逆に、南アフリカのマンデラは、白人との融和を重視し、世界各国から高い評価を受けた。白人が大半を保有する土地の改革は後回しにし、農業国としての地位も確立した。だが、今になって、「白人の土地を取り返すべき」と訴える党の躍進も招いている。

白人農家への「補償」

二〇一九年四月、ムガベの後任の大統領に就いたムナンガグワは、ムガベ政権時代に土地を奪われた白人農家の人々に、一定の救済金を出すと発表した。この政府決定は事実上、「ムガベの土地改革は失敗だった」と認めたようなものだった。私は、ハラレ近郊にある白人農家の商業農家組合に再び足を運んだ。

事務所で働いていた元白人農家のクラークは、「微々たるものだけど、政府から救済金が出るのはありがたい。妻も病気がちで、家賃の足しにしたい」と感謝した。一方で、南アフリカで土地改革を巡る議論が続いていることに話を向けると、彼は表情を曇らせた。「異なる人種や宗教があれば、対立の火を点けることはたやすい。過去には、カトリックとプロテスタント教徒が争ったこともあった。この国では、それが黒人と白人による争いだった。ムガベは土地問題で、人種間に火を点けてしまった」

「あなたは、南アフリカの土地改革に反対なのか?」と聞くと、「そんなことは全くない。土地改革自体は素晴らしいことだ。ただ、正しいやり方で、適切な人々を関与させなければならないということだ。ジンバブエのように、政治家の知り合いだけが、恩恵を受けてはならない」

同じ組合のディレクターを務めるベン・ギルピン(七四)によると、約九〇〇人の白人農家は約一万ドル(約一一〇万円)の救済金を受け取れることになった。

ムガベによる土地改革から二〇年弱がたった。「我々はもう若くはない。亡くなった農家の人数は五〇〇人以上に上る。南アフリカやザンビア、イギリス、オーストラリアなど、あまりにも多くの仲間がこの国から去ってしまった」。そう言って、天井を見つめた。

第五章

妻への愛が身を滅ぼす

――軍との対立

大統領選挙の投票日前日に首都ハラレ近郊の私邸で記者会見をした後、妻のグレースとの写真撮影に応じるムガベ=2018年7月29日

容疑者は大統領夫人

ムガベがまだ大統領だった二〇一七年八月。ジンバブエの隣国南アフリカで事件が起きた。ヨハネスブルクにあるビジネス街のホテルで、二〇代の女性モデルが暴行された。後に容疑者として浮上した人物は、ムガベの妻グレースだった。大統領夫人による暴行疑惑に、南アフリカメディアも騒然となった。

私が日本からヨハネスブルク支局に着任したのは、その暴行事件が起きてからわずか数日後のことだった。偶然にも、犯行現場は、私の泊まっていたホテルから歩いて一〇分ほどの距離しかなかった。従業員に何か話が聞けるかもしれないと思い、早速向かってみた。

地元報道などによると、事件当時、ホテルにはグレースの息子二人が宿泊し、二〇歳の女性モデルも室内にいたという。足のけがの検査などのために南アフリカを訪れたグレースは部屋に入ると、電気コードで女性をたたき、額や後頭部に切り傷を負わせた疑いがあった。女性は事件後、すぐに警察に被害届を提出。地元メディアの取材に対し、「グレースにたたくのをやめてとお願いしたけどだめだった。なぜこんなことをされたか分からな

南アフリカのヨハネスブルク郊外にあるサントン地区。企業の事務所や商業施設が建ち並ぶ＝2017年8月17日

い」と話した。一方のグレースは、「彼女が刃物で攻撃してきた」と容疑を否認した。

　ジンバブエとは政治的にも経済的にもつながりの深い南アフリカ政府は、外交特権を認めてグレースを帰国させたが、国民からは「逮捕するべきだ」との批判の声もあがった。

　事件現場となったホテルの従業員は、同じ間取りの部屋を見せてくれたものの、「事件のことは何も言えません」と口が堅かった。ホテル周辺の住民らへの取材を進めると、すでに成人していたムガベの息子たちは、もともと近くのアパートで暮らしていたが、そこでも騒ぎを起こすなどして、このホテルに移り住んだということだった。ドバイのマンションで暮らしていたという話もあった。

父親の権威を笠《かさ》に着て好き放題している息子をしかりつけるならまだしも、ほとんど関係のない女性モデルに暴行したと報じられた大統領夫人。強気で、独裁者の妻らしいと言えばそれまでだが、海外での暴行疑惑はこれだけではない。二〇〇九年にも香港《ホンコン》で男性カメラマンに写真を撮られた際、激高して顔を殴ったと言われていた。

不倫から正妻へ

グレースは一九六五年七月、ジンバブエから南アフリカに移住した家庭の子として生まれた。幼少期に育ったのはヨハネスブルク中心部から三〇キロほどの距離にあるベノニ。かつては金鉱山の採掘で栄え、現在は湖の多さから「湖の街」とも呼ばれる場所だ。彼女が小学校に上がる前、母親は子どもたちを連れて母国に戻り、父親だけ単身で南アフリカに残って生活費を稼いだ。

グレースは高校を卒業して間もなく、ジンバブエ軍の空軍のパイロットと結婚。一〇代後半で息子を授かった。秘書になるための学校でも学んでいたグレースは、二二歳の頃にムガベが勤める大統領府の秘書の仕事に就いた。

それが、彼女の人生の転機となった。若く、整った顔立ちのグレースに、四一歳差のムガベは一目ぼれした。グレースとの出会いについて、ムガベはこう振り返っていた。

「私の母親はいつも、『死ぬ前に孫を見たい』と泣いていた。（妻の）サリーは病気で寝たきり状態だった。そんな時に、私は大統領府で秘書として勤めていた彼女（グレース）に出会った。初めて会った時に、美しい女性だと思った。私たちはまだサリーが生きている時に、深い関係になった」

当時、ムガベの妻のサリーは腎臓に病気を抱え、病床に伏していた。サリーとの子は幼くして病気で亡くなり、それ以降は二人の間に子どもはできなかった。

地元報道によれば、ムガベがグレースとのなれ初めを語ったのは、彼女の母親の葬儀の時だった。葬儀だろうと関係なく、ムガベはしゃべりだすと止まらなかった。いつも強気のグレースも、さすがに恥ずかしかったのか、手で顔を覆い隠していたようだ。

ある日、ムガベは「愛している」と彼女にささやいた。呆然《ぼうぜん》とした様子だった彼女の手を取り、口づけを交わした。

「彼女は拒絶も抵抗もしなかった。キスされることを受け入れたと感じ、ゲームオーバー（勝負あった）だと思った」

母親思いのムガベは、孫が欲しいという願いを叶《かな》えたかったのだろうか。それともただの不貞行為の言い訳だろうか。サリーがまだ生きていた一九八八年、グレースは長女を授かった。名前は、ムガベの母親と同じく、ボナと名付けた。間もなく、長男も生まれた。ジンバブエでは一夫多妻制は禁じられてはいなかったが、二人とも結婚している身であることに変わりはなかった。

サリーが亡くなった一九九二年から四年後、二人は正式に結婚式をあげた。ムガベは七二歳、グレースは三一歳だった。周辺国の首脳も招かれ、南アフリカのアパルトヘイトを廃止に導き、大統領に就いていたマンデラも出席した。ムガベの故郷クタマで開かれた式典では、招待されていない人も含めて四万人が駆けつけた。二人は、その後に次男も授かった。一方、グレースの最初の夫であるパイロットの男性は、不倫行為が始まって間もなく、遠い極東の地である中国に赴任したと言われている。

ムガベは過去のインタビューで、グレースにプロポーズした時のエピソードも明かして

1996年、結婚式をあげるムガベ（左）とグレース（ヘラルド提供）

いた。「グレースに結婚したいと伝えた時のことだ。私は『他に交際相手がいたとしても、全員と別れる』と彼女に伝えた。『私のパートナーはあなただけだ』とも言った。私は彼女との関係を大事にしていた。私の人生にもたらしてくれた変化、私たちの子どもや幸せを大事にしていたのだ」。

独立の英雄であり、絶対的な権力を持っていたムガベ。若い女性との恋に落ち、国造りも順調に見えた。だが、彼とジンバブエの歴史はここから下り坂に突き進んでいった。

妻の浪費癖と国民の支持離れ

ムガベの最初の妻のサリーは、当初こそ「外国出身」との批判もあったが、独立闘争を指揮するムガベを支え続けた。特別にぜいたくをするわけでもなく、サブサハラのアフリカ諸国でいち早く独立したガーナで教育を受け、知識や政治的センスもあった。何より、サリー自身も独立前に白人政権の治安当局に扇動罪で訴追された経験を持ち、「建国の母」として慕われていた。

一方のグレースは、大の買い物好きだった。結婚後は、大統領夫人としてムガベに付き添い、イタリアのローマやフランスのパリなどの高級デパートで数百万円単位の買い物をする姿が目撃された。

国内外でつけられたあだ名は数多い。高級ブランドの名前を取った「グッチ・グレース」や「ディスグレース（不名誉）」「ジンバブエのイメルダ夫人」など。イメルダ夫人と言えば、「独裁者」とも呼ばれていたフィリピンの元大統領、マルコスが一九八六年の民衆革命で国を追われた際、マラカニアン宮殿（大統領府）に一〇〇〇足以上の靴を残していたことで有名だ。

グレースも負けていない。イタリアの高級ブランド「フェラガモ」の靴好きで知られたグレースは、「私は足が細いので、フェラガモの靴しか履けないのよ」と答えたと報じられた。国民の大半が失業し、日々の暮らしに苦労していた時も、彼女の暮らしぶりは変わらなかった。

ムガベとグレースを巡って、いまだ明らかになっていない謎もある。国内外にどれくらいの不動産や資産を保有しているのかということだ。報道されただけでも、南アフリカや香港、マレーシア、イギリスなどで数千万円から億単位もする高級不動産を購入している

首都ハラレ近郊にある「ブルールーフ」と呼ばれるムガベの私邸＝2018年7月29日

が、隠れ不動産はいまだ明らかになっていない可能性がある。

「ぜいたくの象徴」として国民から疎まれてきたのが、ハラレ郊外にあるムガベ一家の私邸だ。本来ならハラレの大統領府が彼らの仕事場と住居を兼ねているのだが、白人支配層が残した家を二〇〇三年頃に新たにつくり替え、住居にしていた。

東京ドーム約四個分が入る敷地に、二五の寝室やプールを完備。総工費は二六〇〇万ドルと推定されている。青い屋根の形から「ブルールーフ」と地元の人々からは呼ばれ、装飾はグレースの好みが採り入れられた。

豪勢な家をひと目見てみようと、車で現地

に向かってみた。ただ、周囲は高い塀に囲まれ、小高い丘に登っても私邸の天井部分しか写真で撮れなかった。屋根や塀は中国式のデザインが採用されており、一見すると中国人の家とも見えた。出入り口には何人もの警備員が立ち、周囲をうかがっていた。私のように、何度も出入り口を行ったり来たりする不審者を見逃さないためだろう。

アイスクリームで毒殺狙う?

独立の英雄だったムガベの権威を盾に、グレースが買い物で浪費しているだけなら、まだ良かったのかもしれない。だが、高齢になったムガベの後継者を巡る議論が盛んになると、彼女は政治の世界に進出し、後継者として取りざたされるようになった。彼女の弱点は、政治的経験が浅く、独立闘争にも参加していないことだった。だからこそ、政治的経験値を上げるためには高齢になった夫のムガベにはできる限り、大統領にとどまってもらう必要があった。

二〇一四年に与党の女性局局長に就任し、G40と呼ばれる比較的年齢の若い政治家や支持者を従え、国内各地で政治集会を実施。ムガベの後継者と目され、人望もあった当時の副大統領、ジョイス・ムジュルへの批判を強めた。

グレースらの動きに反発したのが、退役軍人の会だった。独立闘争をくぐり抜け、ムガベに長年仕えてきた会長のジャブラニ・シバンダは地元紙とのインタビューで、「会議室であっても寝室であっても、私は（グレースによる）クーデターを許さない」と非難し、グレースが主催する政治集会への参加を拒否した。グレースへの批判は、間接的にはムガベに盾突いたことに等しかった。彼は間もなくして会長職を追放された。副大統領のムジュルも、その年の一二月に政権の転覆やムガベの暗殺を企てたとして、他の八人の大臣とともに解任された。ムガベの側近には、イエスマンばかりが目立つようになっていった。

その後、副大統領に就いたのは、後に大統領になるエマソン・ムナンガグワだった。ムガベの長年の側近で、国防治安相などを歴任。独立闘争に参加し、国軍との関係も深かった。敵には容赦なくかみつく冷淡さを持ち合わせているとして、「クロコダイル（ワニ）」とも呼ばれていた。定石通りに考えるなら、ムガベの有力な後継者だった。

だが、グレース率いるG40は、ムナンガグワの影響力をそぐため、関係の深い政治家を閣僚から外すなどの工作を強めた。二〇一七年九月には、政治集会中にムナンガグワが食べたアイスクリームに毒が盛られた。命に別条はなかったが、地元メディアはＧ40による犯行の可能性があると報じた。ムナンガグワと国軍は、影響力を拡大してきたグレースたちに危機感を募らせた。

同じ年の一一月四日。ジンバブエ第二の都市ブラワヨで開かれた与党の政治集会で、両者の決裂は決定的なものになった。グレースはムナンガグワがいる前で、「ムナンガグワの後のことは、私たちが決めるべきだ。彼は、私たちの望みを知っていて、党を分断させようとしているのだ」として批判のボルテージを上げた。「次の副大統領は女性から選ぶべきだ」とも訴え、夫の後継者としても名乗りをあげた。

だが、グレースの演説中、彼女を快く思わない一部の参加者がブーイングを浴びせた。もともと、ブラワヨは野党の支持者が多い地域だが、与党集会で大統領夫人が批判されるのはまれだ。ムガベは「予期せぬことだ」と怒りをぶつけ、「党内にいる反対勢力は、マシンゴ州（ムナンガグワの地盤）で別の党を結成したらどうか」などと発言した。

二日後、ムガベは「不誠実な態度を取った」という曖昧な理由でムナンガグワを解任した。ムガベ政権はメディア向けの声明で、「彼の行為は、本来あるべき役割と矛盾することが明らかになった。副大統領（ムナンガグワ）は、信義に反し、尊敬をせず、詐欺的で、信頼の欠如という特徴を一貫して示していた」と主張した。

身の危険を感じたムナンガグワは国外に退避した。次期大統領の最有力候補だったムナンガグワの失脚は、グレースにとって待ちに待った瞬間だったかもしれない。だが、彼女がほくそ笑んでいられたのは、ほんのわずかな時間だった。

ブーイングは「国軍からの指示」

取材を進めていくと、政治集会でのブーイングは、国軍などによって仕組まれたものだったことが分かった。ムナンガグワの甥《おい》のトンガイ（四〇）は、「国軍の司令官から指示があり、ハラレの学生組合のメンバーなどを動員していた」と打ち明けた。国軍のトップである司令官は、チウェンガという人物がなっていた。

トンガイはグレースが登場すると、陰から学生たちにブーイングをしたり、叫んだりするよう指示をしていた。「（ブーイングという）燃料を投下し、大統領を目指したグレースの野望を止めるのが私の役目だった」。

ムガベの妻のグレースに対するブーイングを先導したムナンガグワの甥のトンガイ（中央）＝2018年7月7日

狙いは当たった。グレースは大勢のメディアが来ている前で感情むき出しに怒る姿をさらけ出した。その様子はテレビなどで放送され、ムガベ夫妻の信用を落とすことに成功した。

二日後におじのムナンガグワが副大統領職を解任された時も、次の行動に移っていた。すでに、ムガベやグレースに圧力をかけるために、抗議デモの参加者の動員を始めていた。トンガイは詳細を語らなかったが、国軍のトップである司令官とムナンガグワは盟友関係にあった。この動きについては、ムナンガグワも知っていた可能性が高い。

トンガイは言った。「ムガベは私のヒーロ

ーだった。怖い物知らずで、勇敢だった。彼は私たち（黒人）をファーストクラスの市民に引き上げてくれた。白人は、他のどの国でもファーストクラスにいるだろう。でも、ジンバブエでは違う。ムガベは、私たちに誇りを与えてくれたんだ。だが、もう十分だった。新しい考え、チャンスが必要だった。党は刷新されるべきだった」。

行動を起こした国軍

一一月一三日、国軍トップのチウェンガは声明を発表した。

「ただちに抜本的な行動を取らなければ、私たちの愛するジンバブエは新たな植民地に戻ってしまうことを深く憂慮している。与党内でのつまらない争いの結果、この国は過去五年にわたって意義のある発展をしてこなかった。不誠実な行為をしている者へ。我々が実現してきた革命的な行為を守るためなら、国軍は介入することをためらわない」

これが最後通告となった。

一一月一四日から日付が変わろうかという時刻に、国軍は装甲車や戦車をハラレの中心部に展開し、ムガベらを自宅軟禁に置いた。国営放送局を占拠した軍の報道官は声明を読み上げ、「ムガベと彼の家族は無事だ。安全も保障されている」とまず語った。「社会・経済的な苦しみを引き起こしているムガベの周辺にいる犯罪者のみを標的にしている」とも読み上げ、政府の乗っ取りやクーデターが目的ではないと強調した。最大の狙いは、グレースやグレースを支持する政治家の力を削《そ》ぐことなのは明らかだった。

私はそのニュースをヨハネスブルクの自宅で知った。夕刊用に速報を出したものの、「まずい事態になるかもしれない」という不安がよぎった。当時は東京本社からの依頼で、アフリカ西部のブルキナファソに出張する予定をたてていた。アフリカ報道を担当する上司に事情を話し、「予定をキャンセルし、ジンバブエで取材したい」と願い出ると、「めったにない機会だから、行ってきてくれ」と快諾してくれた。

現地の安全状況などを把握し、市民らによる大規模な集会が予定されていた一一月一八日に合わせて現地入りした。ハラレ中心部の広場は、早朝から多くの人が繰り出していた。ムナンガグワや国軍を支持する与党支持者、退役軍人、元ゲリラ兵、野党支持者らが一堂に集まった。参加者は数千人との報道が流れていたが、私が現地で確認すると、数万人単位の人が集まってきていた。

日本人は友達?

集会は始まる前からお祭り騒ぎだった。車の窓から身を乗り出して「独立だ」と叫んだり、「ムガベは去れ」と記したプラカードや国旗を掲げたりする人であふれていた。ジンバブエでは、写真を撮られるのを嫌がる人は多いが、この時はほとんどの人が喜んで写真撮影に応じてくれた。

ちょっとしたトラブルもあった。主催する退役軍人の会のメンバーらが演説していた広場まで行くと、参加していた若者から突然、「中国人はここから出て行け」と怒鳴られたのだ。彼は、安価な中国製品の流入で、仕事を失ったと主張していた。中国がアフリカ各国への融資やビジネスを本格的に展開した二〇〇〇年代以降、中国製品が現地の商売人の生活を脅かしているという話は、いくつかの国で聞いていた。

私は「日本の記者だ」と言って記者証を見せた。すると、彼は態度をころっと変えて、「おー、友達!」と満面の笑みを見せてきた。「一緒に写真を撮ろう」とも頼んでくる。まるで長年の友達のように肩を組まれ、しまいには「何か仕事はないか?」と聞いてきた。

首都ハラレで開かれたムガベの辞任を求める集会に参加するため、トラックの荷台に乗り込む若者たち＝2017年11月18日

その豹変ぶりに思わず笑ってしまった。

ただ、第三章で紹介したコーディネーター役のオスカーは「彼らは、あなたとの写真を利用して一儲けしようとしているんだよ。日本人のビジネスマンの知り合いがいるってね」とささやいてきた。まさかと思ったが、ビジネスマンにしてはカジュアルな格好をしている自分の服装を見返して、「効果はほとんどない」と思うことにした。

交渉の舞台裏

ムガベの辞任を求める国民の声は、その後も高まっていった。数千人がムガベとグレースが住む私邸周辺で抗議デモを繰り返し、「ムガベは辞めろ」「休息が必要だ」などと訴えた。その中には、政治集会でグレースにブーイングを浴びせる役割を担ったトンガイ一家もいた。

ムガベは国軍だけでなく、ムガベによる長期支配やグレースを快く思わない身内の与党の議員らからも辞任を求められた。国軍とムナンガグワに近い議員らが協力して、手を回していた。仲介に乗り出した南アフリカ政府にも、反ムガベ派は根回しを怠らなかった。ムガベは、長年支えていた国軍や与党議員、退役軍人の会、そして何より国民からNOを突きつけられ、職を辞するしか選択肢はないように見えた。

ムガベは一九日夜に国営放送に出演。自身の政権下で失敗があったことは認めつつ、「世代間の対立は解決しなければならない」などと強調。大半の国民が辞任を発表すると期待していたが、「(来月の)与党の党大会を取り仕切る」と話し、失望させた。

首都ハラレで開かれたムガベの辞任を求める集会に参加する人たち＝2017年11月18日

だが、そのわずか二日後、与党が議会で弾劾手続きをしている最中に辞任の意向を示す書簡を議会に提出した。ムガベは書簡で、「辞任の決定は自発的なもので、円滑で非暴力的な権力移行の願いを込めた」と表明した。

後任の大統領に就いたムナングガワは一一月二四日、首都ハラレの国立競技場で開かれた就任式で、「経済の再生が必要だ」と訴え、集まった六万人以上の観衆を熱狂させた。一方で、ムガベについては「建国の父」とたたえることも忘れなかった。

軍による事実上のクーデターの裏で、何が起きていたのか。ムガベと軍による交渉では何が話し合われていたのか。その謎を探ろうと、私は軍とムガベの仲介者として会談に立ち会っていた神父のフィデリス・ムコノリに何度も話を聞きに行った。

ムガベやその家族と四〇年以上も親交があったムコノリは、軍の幹部たちの狙いが、ムガベの力を利用してやりたい放題だった「妻のグレースやその側近の排除である」と認めた。そのために、国を独立に導き、国造りを担ってきたムガベに辞任を求めた。話し合いの中心は、ムガベの功績を尊重しつつ、彼の処遇をどうするかについてだった。

ムコノリは「辞任を求める軍の幹部に対して、ムガベは強行に抵抗しなかった。ただ、

ムガベが辞任した後、首都ハラレの国立競技場で開かれた大統領の就任式で隣国の首脳らと会談するムナンガグワ（中央）＝2017年11月24日

『考える時間が欲しい』と望んでいた」と打ち明ける。三七年間も権力の座にあった人物にとって、わずか数日で辞任するかどうかを決めるのは並大抵の決断ではない。アフリカ諸国では、ひとたび権力の座を失えば、命の危険にさらされる可能性も高い。

ムコノリは「ムガベは、辞任後の将来を案じていた。例えば、長年連れ添った相手に離婚して欲しいと言われたとしよう。多くの人は、すぐには承諾せずに、どうやったら別の道に進めるか考えるはずだ。ムガベの心中も同じような気持ちだったのではないか」と分析してみせた。

彼は、ムガベが住む私邸と国軍の本部を

ムガベが自宅軟禁状態にあった時、軍との仲介に尽力した神父のムコノリ＝2018年7月4日

行き来し、妥協点を探った。だが、ムガベが辞任しなければ、彼の妻も側近たちも、権力を維持することになる。国軍の幹部たちは、「ムガベ辞任」を譲らなかった。話し合いは、時に一〇時間以上も続いた。

南アフリカに避難していたムナンガグワに電話をかけ、ムガベと話す機会も持った。「ここに来て欲しい。二人で話そう」とムガベは頼み、ムナンガグワも了承したかに見えた。辞任すると見られていた一九日に、ムガベが「与党の党大会を仕切る」と言ったのは、ムナンガグワとの協議に活路を見いだしていたからだろう。

だが、一度動いた針を止めることはできなかった。

ムガベの私邸には、大勢の群衆が詰めかけて辞任を求め続けていた。グレースの力を奪いたい与党も議会で弾劾手続きを進めることを決め、ムナンガグワも結局、帰国することはなかった。追い込まれたムガベは二一日、「弾劾手続きで大統領を辞めさせられるのは不名誉だ」と辞任を受け入れた。

ムコノリは大役を終えて、安堵《あんど》した。「サインし終えた後、ムガベのほおは赤らみ、『終わった』とでも言うように、ほっとした様子だった。ムガベは長く権力の座にありすぎた。

辞任は、正しい決断だったと思う」とつぶやいた。

彼の仕事場で取材を終えた後、ムコノリは自ら執筆した本が二冊あると「宣伝」してきた。取材させてもらったお礼も込めて買うことにした。「サインしてあげるよ」と言うのでお願いすると、サイン付きの本は通常の本の価格より数ドル高くなっていた。今さら「サインなしで」とも言えず、財布からお金を出した。

帰り際、「私の本はハラレの空港でも買えるから」とも勧められた。仲介役としても一流だが、商売人としても天性の才能を持っていると感じた。言葉通り、首都ハラレの空港の本屋には、彼の自伝が何冊も置いてあった。

「グレースは悪魔」

政治家としてムガベに長年仕え、法務大臣や財務大臣を務めたパトリック・チナマサ(七一)にも会いに行った。彼は、解任された副大統領のムナンガグワとの関係が近いとされていた。

「ムガベが独立闘争における最初の指導者だったという事実は、誰にも洗い流すことはで

ムガベ政権で法務大臣などを務めたチナマサ。取材当時は財務相だった＝2018年2月23日

きない。アフリカ有数の識字率や人的資本、そしてジンバブエ国民の土地を（白人から）取り戻した功績もある」。彼はムガベの功績について語った。

「では、なぜ国軍やあなたたちは、反乱を起こしたのか？」

「この二年余りの間、彼の妻が大統領の権限を利用し、政府を支配しようとしていたからだ」。やはり、ムガベ本人というより、妻のグレースやその側近たちの排除が狙いだった。

ムガベは辞任と引き換えに、自身の訴追免除や自国での安全の保障が与えられた。それが、権力者としての最大限の抵抗だったのだろう。国営放送に何度も映し出された辞任直前のムガベの表情は、ひどくやつれているように見えた。匿名を条件に取材に応じたジンバブエの外交官の一人はつぶやいた。「どんな人間でも、年齢には勝てない。ムガベは辞め時を見誤った」。

独立闘争に参加した元ゲリラ兵のアガタ・サニャオクエは、ムガベを尊敬する心をまだ持っている。だが、妻のグレースの印象を尋ねると、途端にしかめっ面をした。「グレースは悪魔のような存在。彼女と出会ってから、ムガベは我々国民のことに関心を寄せなくなった。愛が彼を変えてしまった」。

ムガベが辞任してから一年余りがたった二〇一八年一二月。南アフリカの警察当局は、グレースが前年の八月に起こしたとされる女性モデルへの暴行容疑について、逮捕状を取ったことを明らかにした。国際刑事警察機構（インターポール）を通じて国際手配されれば、国外滞在中に拘束される可能性が出てきたのだ。

事件の発生当時は大きく報じられたグレースの暴行疑惑。だが、元大統領夫人という肩書きしかなくなった彼女のニュースの扱いは、えらく小さくなっていた。

グレースはその後、病床の夫をそばで支えた。ソーシャルメディア上に、歩行が困難になったムガベとともに、グレースの写真が投稿・拡散されることもあったが、表舞台での活動はほとんどなくなった。

第六章

期待と失望

——ムガベなき選挙

ジンバブエの下院議員選挙で与党の勝利が発表された後、
抗議活動をする若者たち=2018年8月1日

外資を呼び込め

ムガベが大統領を辞任してから八カ月後。与党ジンバブエ・アフリカ民族同盟愛国戦線（ZANU－PF）にとって、一番の試練が待っていた。大統領選挙と議会の下院議員選挙だ。大統領選は事実上、ムガベの後任に就いたエマソン・ムナンガグワと最大野党・民主変革運動（MDC）の党首、ネルソン・チャミサの一騎打ちだった。

投票日は二〇一八年七月三〇日。私は選挙戦を取材するため、六月下旬から三度にわたって現地入りした。下院議員選挙には、見覚えのある人物が出馬していた。大統領になったムナンガグワの甥のトンガイだ。政治集会で演説していたグレースにブーイングを浴びせる役目を担った彼は、「将来は大統領になりたい」と野心を見せていた。四〇歳という若さで出馬することにはやっかみもあるらしく、嫌がらせが絶えないらしい。以前取材した時に、「おじのムナンガグワにもインタビューできるよう伝えておきますよ」と豪語していたが、自分の選挙のことで忙しく、私との約束はすっかり忘れているようだった。

ムナンガグワが大統領に就任してから選挙前まで、欧米各国からはジンバブエの変化を

下院議員選挙に出馬し、支持者と握手するムナンガグワの甥のトンガイ（右）ら＝2018年7月7日

期待する声が目立った。資源開発で外国企業の関与を認めるようになり、ヨーロッパ各国の企業や政府が相次いで視察に訪れた。

ハラレ中心部から車で一〇分ほど離れたショッピングモールなどで飲食店を経営する実業家、シンギ・ムニエザ（五一）は「ムガベ政権は中国とばかり付き合ってきたが、これからは欧米企業とのビジネスチャンスが広がる」と期待していた。ムガベの辞任後は、デンマーク企業と太陽光発電での事業展開を進めているとも話していた。日本企業の中にも、「教育水準が高いジンバブエの潜在力は高い」と期待する声が聞かれた。

当時財務相だったパトリック・チナマサも「新政権は外国企業の投資や進出を大いに歓迎している。日本企業にとっても今が絶好の機会だ。選挙を待っていたら、乗り遅れるだけだ」と強調し、「今年の経済成長率は四~五％になるだろう」と自信を見せていた。

一方で、「選挙の結果を見るまでは、本格的には投資に動かない」と、投資に慎重な企業もあった。だからこそ、ムナンガグワ政権にとって、選挙の結果はもちろん、結果が判明するまでの透明性や公平性なども大事なポイントと言えた。

選挙グッズが人気

投票日の二日前。私は、ハラレであった与党の選挙集会を訪れた。場所は、ムナンガグワが前年の一一月に大統領就任式を開いた六万人収容の国立競技場。参加者は与党が用意したバスなどに揺られて、午前九時頃から続々と到着し始めた。

入り口では、ムナンガグワの顔写真付きのTシャツや帽子が無料で配布された。ムガベの時も同じような「グッズ」が配られていた。原資は税金だろうか。こんなものを配るくらいなら、別の政策のために使って欲しいところだが、使い勝手がいいのか、意外にも支

首都ハラレで開かれた与党ジンバブエ・アフリカ民族同盟愛国戦線（ZANU—PF）の選挙集会で演説する大統領のムナンガグワ＝2018年7月28日、中野智明氏撮影

首都ハラレで開かれた与党ジンバブエ・アフリカ民族同盟愛国戦線（ZANU—PF）の選挙集会に詰めかけた支持者＝2018年7月28日

持者からは喜ばれていた。ムナンガグワが到着したのは、四時間後。こちらも、自らの写真が入ったカラフルな服を着て、待ちくたびれた人々の歓声や拍手に応えていた。

ムナンガグワは演説で、「自由で公正な選挙を実施し、経済を立て直す」と訴えた。選挙前には、イギリスの外交官らと会談を繰り返すなど、欧米諸国と敵対してきたムガベとの違いを強調。世界経済フォーラム年次総会（ダボス会議）にも出席し、真偽は分からないものの、「二〇〇億ドルの投資を呼び込んできた」と成果もうたった。

ただ、演説中は原稿に目をやることが多く、良くも悪くも無難という印象だった。会場も満席にはならず、空席が出ていた。私が野党の集会を取材するために、競技場の外に出ると、グッズをもらった人々が暇を持てあますように入り口のそばでたむろしていた。

ハラレの広場で開かれた野党の選挙集会は、与党よりもさらに多くの人であふれていた。ステージに立ったチャミサは、若さと変化を全面的に訴えた。党のイメージカラーの赤色の服を着た支持者は、拳を突き上げてそれに応える。一体感で言えば、こちらのほうが与党よりも圧倒的だった。

ＭＤＣにとって、長年の政敵だったムガベがいなくなったことは、政権交代のチャンス

選挙集会で演説する最大野党・民主変革運動（ＭＤＣ）の党首のチャミサ＝2018年7月28日

首都ハラレで開かれた最大野党・民主変革運動（ＭＤＣ）の選挙集会に詰めかけた支持者＝2018年7月28日

を意味した。だが、チャミサは演説で、「（ムガべを）尊敬している」と持ち上げ、ムガべが野党に投票することに期待感を示した。地元紙には、「ムガべ側が、ＭＤＣに二四〇〇万ドルと選挙用の車の提供を申し出た」と報じられた。

野党とムガべの接近には理由があった。調査機関アフロバロメーターが七月上旬に実施した世論調査で、ムナンガグワとチャミサの支持率の差は三ポイントしかなかった。五月に実施した時は一一ポイント離れていたため、チャミサが追い上げていることが分かった。一方、調査では「ムガべを信用する」と答えた人は「多少」「とても」を合わせて三三％。地方では三九％に達し、ムナンガグワの五〇％、チャミサの四〇％との差はそれほどではなかった。ハラレやブラワヨといった都市部は野党支持者が多く、地方のほとんどは与党が優勢だった。そのため、野党はムガべとの良好な関係をアピールすることで、地方で根強い人気のあるムガべ支持者の票が入ることを期待していたのだ。

投票日前日、ムガべが動く

七月二九日。ジンバブエの大統領選と下院議員選を翌日に控えたこの日は、一切の選挙集会が禁じられていた。日曜日とあって、多くの国民は午前中、教会に行って祈りを捧げる。今日はゆっくりできそうだと思っていた矢先、昼過ぎからムガベがハラレの私邸で緊急の記者会見を開くという情報が出回った。

前年の一一月に大統領を辞任後、初めて肉声を聞けるチャンスだった。三〇分もせずに青い屋根で覆われた私邸に着くと、警備員が取材許可証を念入りにチェックしていた。豪勢な家をくまなく見たいところだが、会見時間が迫っていたこともあり、許可証を警備員に預けて、ひとまず中に入った。

サッカーグラウンドのような大きさの広場の一角に、あずま屋のような場所があった。紺色のスーツに水玉入りの赤のネクタイを身につけたムガベがすでに席に座っていた。国内外から集まった五〇人近い報道陣の前で、満足そうな表情を浮かべている。

彼を生で見るのは、二〇一三年にインタビューした時以来だ。当時は彼の威圧感と側近の多さに圧倒された。そのリベンジを果たすためにも、再会の機会を狙っていた。その時がようやく訪れた。

だが、当時と比べて、ムガベは明らかに老けていた。白髪が目立ち、椅子に腰かけていても前にずれてきてしまう。側近が時折、クッションを背もたれに挟んで、ようやく長い時間座ることができていた。もちろん、九四歳という年齢を考えれば、記者会見をすること自体が通常では考えられないことだ。

ムガベは国軍による政変について、「クーデターだった」と批判。「違法に権力を握った与党には投票できない」とも述べた。自分が一九八〇年の建国以来率いてきた与党との決別を宣言し、野党に投票することをにおわせた。私の隣にいた地元の記者らは「すごいことを言ったぞ」と驚きを隠さなかった。

私は「誰に投票するのか」と聞こうと手をあげたが、別の記者が同じ質問をぶつけた。ムガベは答えをはぐらかし、誰に投票するのか明言しなかった。それならば別の質問をしようと、手をあげ続けた。

「政変のきっかけは、妻であるグレースを大統領にさせないためだと言われているがどう思うか？」

「あなたはグレースと結婚してから性格が変わったと国民から言われているが、どう思うか？　どれほど妻を愛していたのか？」

大統領選挙の投票日前日に首都ハラレ近郊の私邸で記者会見するムガベ
＝2018年7月29日

そう聞くつもりだった。司会者役とも目は合ったが、ムガベにも疲労が見えていた。結局、制限時間内に指名されることはなかった。

妻のグレースに直撃

記者会見後、地元紙や欧米の記者がさらなる質問を投げかけていたが、ぐったりとした様子のムガベは無言を貫いていた。残念だが、気持ちを切り替えるしかない。取材対象を妻のグレースに変えた。彼女は、ムガベの会見に同席していた。私は会見中に彼女の様子も確認するため、あえてグレースの近くに陣取っていた。高齢の夫が小声で話していると、「もっと大きな声で!」と何度も叫び、ムガベが話している最中に「自分たちの年金額が少ない」と、いらだちをぶつける場面もあった。グレースと対面するのはこれが初めてだったが、「気が強い」という地元メディアの評判は正しいように思えた。

会見後、グレースにも地元記者らが野党との関係を聞いていたが、彼女は黙っているだけだった。警備員も止めに入ってきたため、答えづらい硬派な質問をしても相手にしてくれないと感じた。そこで、私は満面の笑みを浮かべ、ムガベに聞きたかった質問をするこ

大統領選挙の投票日前日に首都ハラレ近郊の私邸で記者会見をした後、妻のグレースとの写真撮影に応じるムガベ＝2018年7月29日

とにした。「日本から来た記者です。あなたは、いつも夫であるムガベに寄り添ってきましたが、どれだけ夫のことを愛しているのですか？」。

すると、彼女は笑いながら、「まあ、何てことを聞くの？」と反応した。そして、人さし指と中指を絡ませ、「これが答えよ。私たちはいつも一緒。固い絆で結ばれているのよ」と答えてくれた。

その後、グレースは気を良くしたのか、夫のそばに寄って写真撮影に応じてくれた。ツーショットを撮ろうと色めき立つ報道陣。その前で笑顔を見せる彼女の姿は、夫をたてるけなげな妻にも見えたし、国民に根強い人気のある夫を利用して、自分の存在と窮状を世間にアピールしているようにも感じた。

主役は自分

選挙当日。日本を含む各国の選挙監視団が配置され、大統領と下院議員の選挙の投票が行われた。

私は、ムガベが投票すると見られていたハラレの投票所で待つことにした。投票開始は

首都ハラレの投票所で、家族と一緒に投票するムガベら＝2018年7月30日、中野智明氏撮影

午前七時。少し前に到着すると、すでに数十人の有権者が門の前で列をなしていた。その中には、二〇〇〇年代に起きた経済危機や治安部隊による弾圧を逃れて国外で暮らす人もいた。

二〇〇八年に国を離れ、周辺国のエスワティニで暮らすハマンディシュ・ムジンギ（四〇）は、「衣料品店に勤めているが、収入は不安定なままだ」と言った。「平和になれば、すぐにでも母国に戻りたい。だから投票に来た」と答えた。

肝心のムガベはなかなかやってこなかった。正午前、ニュース速報で与党のムナンガグワや野党のチャミサがすでに投票を済ませたことが分かった。「まさか別の投票所に行ったのか」「そもそも投票しないのではないか」と不安がよぎる。会場の外で座り込んでいた私を見かねたのか、スタッフの一人が「もうすぐ来るぞ」とささやいてくれた。

昼過ぎになって、警備員たちもそわそわし始めた。ムガベは妻のグレースや娘と一緒に、黒塗りの車でやってきた。与野党の大統領候補よりも遅く来て、メディアの注目を自分に向くようにしたかったのかもしれない。

投票箱がある部屋までは約三〇メートル。車から降りて、自らの足でゆっくりと歩みを進めていった。待ち構えていた一〇〇人以上の支持者から「ありがとう」とかけ声が飛んだ。部屋に入って投票用紙を受け取ると、ムガベは記入に一〇分近くかけた。誰に投票するか迷っていたのだろうか。それとも、候補者の名前を書く作業がしんどかったのか。衝《つい》立《たて》に隠れて表情は読み取れなかった。

六時間近く一緒に待っていたフォトジャーナリストの中野智明（五九）は、後からやってきた地元記者たちの割り込みにも負けず、投票箱のすぐ近くで待っていた。

中野はケニアを拠点に三五年もの間、アフリカの五〇カ国以上で写真を撮ってきた。ナイジェリアやエチオピアなどで一緒に取材した私は、行く先々でアフリカでの取材のコツを彼から学んだ。二〇歳以上年が離れていることもあって、親子に間違われることも何度もあった。ジンバブエには、独立間もない一九八三年に初めて訪問。今回の選挙取材では、投票日までの同行を依頼し、選挙集会やムガベが投票する瞬間の撮影を頼んでいた。

ムガベが妻のグレースや娘に付き添われながら投票すると、シャッターを切る音が投票所に響いた。撮影後、中野はいつも以上の柔和な表情で、「バッチリ！」と親指を立て、笑みを浮かべていた。他の記者たちとの「押しくらまんじゅう」に競り負け、無関係な人の頭ばかり写っていた私の写真と比べると、その差は歴然としていた。

私は気持ちを切り替え、投票所の外に出てきたムガベに一言聞こうと待ち構えた。群衆に囲まれながら、何とかムガベとの距離を縮めた。わずか四〇センチ。手を伸ばせば届くところまで近づき、「野党のチャミサに投票したのですか」と尋ねた。ムガベは口元を一瞬動かし、笑みを浮かべた。答えは「Ｙｅｓ」。そう感じた。だが、自分の感覚だけでは心もとない。

その後も直撃を試みたが、他の記者や支持者、反ムガベの人たちも詰めかけ、もみくちゃにされた。ふと、ズボンの左ポケットに違和感を覚えた。「スリだ」。とっさに向きを変え、手を下に向けて「やめろ！」と振り向きながら怒鳴ったが、誰もが知らないふりをした。その間に、ムガベは車に乗り込み、あっという間に去っていってしまった。私は、彼の車列を遠目から見つめることしかできなかった。

銃声が響く首都

事件が起きたのは、それから二日後のことだった。

選挙管理委員会が下院議員選挙での与党の勝利を発表した後、勝利を信じていた野党の支持者たちが「不正だ」と首都ハラレで抗議デモを起こし、一部が暴徒化する事態に陥ったのだ。

ハラレ郊外で別の取材をした帰り道、私は与党本部近くで黒煙があがっていることに気づいた。「ちょっと様子を見てみよう」と、車を運転していたコーディネーター役のオスカーに依頼した。

周辺は大渋滞でなかなか前に進まない。車を先に降りて、党本部と開票作業が実施されていた会場のほうに向かった。記者であることを示すため、地元の選挙管理委員会から配布されていたメディア用のジャケットを着ることにした。

中野はすでに別の取材でジンバブエを離れていた。代わりに、ヨハネスブルク支局助手のレフロゴノロ・モコテディが合流してくれていたが、写真撮影は自分でやるしかなかった。

幹線道路にはタイヤが置かれ、路上でゴミが焼かれていた。近くでは、二〇～三〇代くらいの若者が集団で奇声をあげていた。二〇人近い警察官を乗せた車が停まり、暴徒化した集団を追いかけ始めた。若者たちは、近所の民家や店舗に一斉に隠れたが、警察もそこまでは深追いしなかった。

調子に乗った若者たちは、警察官に汚い言葉を投げかけ始めた。挑発するように、地元だけで使われているボンドノートと呼ばれる紙幣を破り捨て、路上にばらまく男もいた。

直後、目の周りに猛烈な痛みを覚え、涙が流れてきた。「催涙ガスだ!」。どこからか、叫び声が聞こえた。暴徒化した集団に、治安部隊が催涙ガスを使うのはよくあることだ。三〇メートルも離れると、徐々に症状は治まった。

「各国からの記者も詰めかけているし、警察もそれほど強硬手段には出ないだろう」。そう思った矢先、「パンパン」と乾いた音が聞こえた。野党本部がある方角だった。

一緒にいた助手のモコテディとコーディネーター役のオスカーには車に戻ってもらい、海外通信社のカメラマンらと一緒に様子を見に行くことにした。しばらく歩いていると、私が数日前に利用したファストフード店の窓ガラスが割られていることに気づいた。店舗には誰もいなかった。

国軍の兵士から逃げ惑う人々にも出くわした。抗議デモの参加者だけでなく、女性や子どももいた。この辺りは普段、果物や靴、本などを路上で売る商売人であふれている。もはや、暴徒化した集団との見分けはつかなかった。

果物を置いていた屋台に黒いシートをかけ、隠れている人たちもいた。治安部隊は、逃げ遅れた人を見つけると、ムチのようなもので何度もたたいていた。慌ててカメラを構えて、シャッターボタンを押した。私が着ていたジャケットの背中には、「ＭＥＤＩＡ」と大きく書かれている。これなら、自分が暴行される心配はない、はずだった。

だが、市民を追いかける兵士の姿を撮ろうとしていると、「撮るな」と怒鳴られ、銃口

首都ハラレ中心部で、ムチのようなものでデモ参加者を何度も殴打する兵士＝2018年8月1日

を向けられた。兵士との距離は、三〇メートルもなかった。

「まずい」。カメラのレンズを下に向け、あえて笑顔を見せて、兵士とは反対方向にゆっくりと距離を取った。安全かつ、兵士に見つからない撮影ポイントを探すつもりだった。

私は、臆病者だ。学生時代には、「戦場記者になる」と夢見たこともあったが、そんな勇気がないことは、自分が一番よく分かっていた。

アフリカ特派員になってからも、大事にしてきたモットーは「自分が犠牲にならない」ことだった。カメラマンの一ノ瀬泰造の著書『地雷を踏んだらサヨウナラ』ではないが、命を落とせば、どんなに伝えたいことがあっても、自分ではできなくなる。私の身に何かあれば、「海外取材は危険だ」として、同僚記者の現場取材が制限されてしまう可能性も捨てきれない。

そういった理由で、紛争が続いていた南スーダン北部でも、イスラム過激派のテロ事件が相次ぐナイジェリア北東部でも、武装勢力が乱立するコンゴ民主共和国東部でも、取材の現場では安全第一を心がけてきた。

兵士から離れようとしていると、曲がり角から全速力で逃げてくる集団に出くわした。

首都ハラレ中心部で、発砲する軍兵士から逃げ惑う若者たち＝2018年8月1日

もはや何から逃げているかも分からなかったが、つられて一緒に逃げた。また、銃声が何発か鳴った。運動不足が響き、一〇〇メートルも走っていないのに、息があがる。

路上に二〇代くらいの男性が倒れているのが見えた。全く動かない。地面には血が落ちていた。そばにいた友人とおぼしき若者が、「くそ」と舌打ちした。遺体は紙面には載せられないと分かっていても、何枚か写真を撮った後、その若者と一緒に避難した。心臓の鼓動が速くなっているのが分かった。

カメラとジャケットが目立つのか、次々に市民から声をかけられる。「お前も見ただろ。何で市民が殺されなければならないんだ。どこが平和なんだ？　どこが自由で公正な選挙なんだ？　ムガベの時と何も変わっていないじゃないか」。

ムガベが大統領だった時代と変わらない光景。野党支持者にとって、軍や警官隊との衝突や治安部隊による弾圧は、ずっと前から見慣れたものだった。今回の選挙こそ、民主的で、自由で、公正な結果になると信じていた野党支持者にとっては、裏切られた思いがしたのだろう。

ズボンの左ポケットに入れていた携帯電話が鳴った。東京の本社からだった。当日の国

暴動があった翌日、首都ハラレでは、露天商が売っていた衣服が路上に散らばったままだった＝2018年8月2日

際面を担当していた上司が電話越しに言った。「ハラレの銃撃現場にいる？　いるなら、今すぐ避難して！」。

朝日新聞の国際報道部には、英ＢＢＣなどの放送がいつでも流れている。私がいた銃撃の現場の様子も、速報されていたようだ。紛争取材の経験も豊富な上司に現地の状況を報告し、まずは安全を確保するため銃撃があった現場から離れることになった。

泊まっていたホテルへは一キロもない。助手のモコテディやオスカーが無事であることを確認し、いったん歩いて戻ることにした。結局、その日の暴動で、六人の市民が亡くなった。ムガベ政権時代とは変わったことを示したい与党にとって、犠牲者が出たことは痛恨の出来事だった。

報道陣との軋轢《あつれき》

投票日から四日後。選挙管理委員会は、ムガベ辞任後に大統領に就いた与党ZANU—PFのムナンガグワの勝利を発表した。ムナンガグワは「選挙では分裂したかもしれないが、団結するのが夢だ」と国民に呼びかけた。だが、ムナンガグワの得票率は五〇％をわずかに超えただけで、圧勝とはならなかった。

最大野党MDC党首のチャミサは、ハラレのホテルで、「ウソの結果は受け入れられない」と記者会見した。だが、会見の直前に警官隊が会見場に乱入し、「ここから出ろ」と一方的に指示してきた。私も含め、三〇人以上はいたであろうメディアが抗議し、会見は予定時間より一時間遅れて開かれた。

チャミサの記者会見とともに、メディアを排除しようとした政権側の動きは各国で報じられた。市民が犠牲になったことも合わせて、悪印象を国際社会に伝えることになった。

首都ハラレのホテルで予定されていた最大野党・民主変革運動（MDC）党首のチャミサによる会見場に入り、記者会見をやめるよう要求する警察隊＝2018年8月3日

与党は自らの非を認めるどころか、抗議デモをあおった野党に責任を転嫁しようとする節もあった。ある外交官の一人は「銃撃事件とメディアの排除によって、欧米諸国の新政権への期待感は一気にしぼんでしまった。選挙前に熱心だった投資家も二の足を踏んでいる」と打ち明けた。

第七章

ムガベ待望論

――根強い人気

大統領選挙の投票日前日に首都ハラレ近郊の私邸で
記者会見するムガベ=2018年7月29日、中野智明氏撮影

ムガベ辞任から一年

二〇一八年一一月二一日。ムガベが辞任してから一年目の節目の日に、私は首都ハラレの中心部を歩いていた。一年前に若者たちが喜びを爆発させた場所も、仕事帰りの人たちが歩いているだけで、高揚感はなかった。果物や野菜を売る露天商の数も減っていた。

旧黒人居住区のンバレに住む露天商、アントネット・チャレンバに四カ月ぶりに会いに行った。彼女に近況を聞くと、「夫が仕事を見つけた」と笑顔で話してくれた。夫は隣国のザンビアに職を求めに行っていたが、コンゴ民主共和国で長距離トラックの運転手として働き出した。コンゴ南部の街を拠点に、ジンバブエを経由して片道約二七〇〇キロもある南アフリカのダーバンまで荷物を届けるのが仕事だ。

遠距離生活は変わらないが、チャレンバはうれしそうだった。一カ月に五回ほど、夫がトラックで通過するチノイという街で、会えるようになったからだ。「飲食店で落ち合い、子どものことや生活のことを話せるようになった」と彼女は言っていた。

だが、生活苦は変わらないとも嘆いた。「一年前より生活は苦しくなった。インフレが進んでいるせいで、食用油の価格も半年前に比べて五倍になってしまった。夫の支えがなければ、生活できない」。

この時期、食料品などの値段が一気に上がり、与党に対する逆風は治まるどころか、強まっていた。最大の理由は、政府の財政難や米ドルなどの外貨不足だ。歳入の約九割が公務員への給与として支出され、日用品などの多くも輸入に頼る経済状況が続いていた。

ハラレのスーパーマーケットに寄ってみると、九個入りのトイレットペーパーは二〇ドル、固形石鹸は最も安いもので二ドルもし、一五ドルもする食用油が売り切れていた。日本でも見かけるミニッツメイドのオレンジジュースは、一リットル三・六五ドルとラベルが貼ってあった。だが、レジに持って行くと、四・五五ドルと表示された。「ちょっと前に、値上がりしたんだ」と店員は悪びれることなく言った。

スーパーマーケットを三店梯子《はしご》したが、コーラやスプライトといったどこの国でも売っているような缶の炭酸飲料が見当たらない。店員によると、外貨不足の影響で製造ができないということだった。

二〇一六年から発行され始め、米ドルと同じ価値を持つとされていた紙幣、ボンドノートは、市場での価値を下げていた。路上にたむろする四、五人の若者に「米ドルと両替できる?」と聞くと、「一米ドルは二・八ボンドノートだ」と言われた。警察はこうした闇両替商の取り締まりを強化していたが、その数は一向に減らなかった。

国民は、さまざまな方法で生計を立てる努力をしていた。まずは、海外に住んでいる親戚から米ドルや南アフリカランドなどの外貨を送金してもらい、ボンドノートに両替するやり方だ。ハラレにある行きつけのレストランでは、八月まで一二ドルだった牛の尾を煮込んだオックステールが、一〇月に二五ドルに値上げされていた。バカ正直に米ドルで払えば、日本円に換算すると二五〇〇円以上もするが、ボンドノートなら実質約三分の一の価格で食べられるわけだ。スーパーでも、米ドルで払う人はめったにおらず、ほとんどはボンドノートやデビットカードなどで支払いをしていた。

銀行に行っても、現金の引き落としは数十ドルまでに制限されているため、カード払いや携帯電話でのモバイルマネーも人気だった。さらには、隣国の南アフリカまで出かけ、そこで日用品などを買いあさり、地元に戻る人も多かった。

一番の被害者は、海外に親戚もおらず、自分の給与がボンドノートで支払われる人々だ。

立ち寄ったスーパーのレジの列の前にいた三〇代の男性は「俺の給料は毎月三〇〇ボンドノートのままだ。飲まないとやってられない」とぼやき、一リットルの瓶ビールを三本買っていた。よく見ると、すでに一本は空になっていた。スーパーの店員は、何も言わずに瓶についていたバーコードを読み取った。

野党党首に聞くムガベ評

ムガベ辞任から一年になるのを前に、私は二人のインタビューを狙っていた。一人はムガベ本人。もう一人は最大野党ＭＤＣの党首、ネルソン・チャミサだ。ムガベは、健康状態が悪化し、遠く離れたシンガポールで入院。自力での歩行が困難との報道が流れ、断念した。

一方のチャミサも、「警察にいつ逮捕されてもおかしくない」との情報が流れていた。二〇一八年七月の選挙後に起きた野党支持者による抗議デモについて、警察側は「チャミサが扇動した」と疑っていた。

ＭＤＣの広報担当者らを昼ご飯に誘い、野党の会合が党本部で翌日に開かれることを聞きつけた。当日は朝七時前から本部前で待ち構えた。九時過ぎに到着した警備担当者や他の幹部に頼み込むと、「少しなら」と取材許可が下りた。

本部内に入る前に、空港と同じような荷物検査と身体検査を受けた。チャミサの待つ部屋に入る前には、携帯電話を預けるよう言われた。警備担当の職員は、私が持参したお菓子の封を破って中身を確認するなど、警戒を怠らなかった。

「早めに終わるよう頼むぞ」と念押しされ、「一〇分以内に終わらせる。日本人は時間を守る」と約束して、部屋に入った。

中で待っていたチャミサは、「よく来てくれた」と歓迎し、ムガベ後の国内の状況を説明してくれた。

「ムガベが大統領を辞任した時、人々は歓喜した。だが、一年がたっても、何も変わらなかった。いや、余計悪くなった。民主主義や人権状況は後退し、人々の暮らしも悪くなった。国民は、ムガベのほうがましな独裁者だったと思い始めてきている」

彼は、選挙結果に疑義があることや、少数のエリートによる支配や腐敗が問題だとも訴えた。

最大野党・民主変革運動（MDC）の党首のチャミサ（左手前）ら。インタビューの際は時間が制限され、写真を撮ることはできなかった＝2018年8月3日

「ムガベについてはどう評価しているのか」。私はいつものように、ムガベについての質問をぶつけた。

「ムガベは他の人と同様、良い面も悪い面も持っている。彼の良い面に向き合い、失敗から学び、ジンバブエをより良い国にすることが我々の目標だ」

彼はムガベが大統領だった二〇〇七年、集団の男たちに襲撃され、大けがを負ったことがあった。だが、政権交代を実現するため、ムガベと一定の良好な関係を築こうとしているように見えた。

私は質問を続けた。「ムガベ時代よりも、自由にものが言えるようになったか」。

彼は否定した。「言論の自由は、ものを言った後の自由がなければ何の意味もない。自分たちは、鳥かごの中にいるようなものだ。自由に飛べることを喜んでいるかもしれないが、実際はかごの中だけでしか飛べていないのだ。外を歩けば、戦車や放水砲が配置され、治安部隊がうろうろしている。ジンバブエは、警察国家のようになってしまった」。

聞きたいことはまだ山ほどあった。だが、約束の一〇分がたとうとしていた。お礼を言って、部屋を後にした。

夜行バスで買い物

チャミサとのインタビューを終えた翌日、私はこの国の行く末に不安を抱きつつ、ハラレのバスターミナルに向かった。市民に話を聞いている時に、物価の安い南アフリカへ夜行バスで行き、買い物をして帰ってくるジンバブエ人が多いと聞いたからだ。

チケットの予約を取っていなかったので、昼過ぎにターミナルに到着。ヨハネスブルク行きのバスの価格は、二〇〜四〇ドルほどだった。私は、松竹梅で言うところの竹のバスを選んだ。エアコンや携帯電話の充電器付きだったことに加え、運転手が二人態勢というのが決め手だった。ここでも、安全第一だ。価格は二五ドルで、片道航空券の約一〇分の一で済んだ。

ヨハネスブルクから到着したばかりのバスを見ると、飲料水や食料品のケースから、ソファやベッド、冷蔵庫などの家電商品まで、さまざまなものが荷下ろしされていた。私が乗るバスは、予定時間の午後四時になっても一向に出発する気配がなかった。

アフリカ特派員として赴任して一年余り。予定通りに始まらない「アフリカ時間」にも慣れっこになっていた。一時間遅れなら御の字だと思い、気長に待つことにした。

しばらくすると、ジェームズと名乗る三〇代の男が乗ってきた。二〇〇八年から心臓病を患い、仕事がないと言う。身分証を示し、「助けて欲しい」と懇願してきた。夕食用に買っておいたバナナを二本渡すと、「良い旅を」と言ってすぐに去っていった。

結局、バスは二時間遅れで出発した。上出来だと思った。周りの乗客たちも、文句を言わず、淡々と静かに待っているだけだった。乗客とともに、水や携帯電話の充電器の売り子も同乗していたが、乗客が一通り買ったのを見届けると、降車していった。

ハラレ中心部の道路は所々に陥没がある。運転手は何度もハンドルを巧みに操作し、凸凹を避けていく。一時間も走ると外灯が減り、ハイビームをつけてバスは暗闇の中をひたすら走った。

アフリカの夜道を車で移動するのはリスクが伴う。道路が突然陥没していたり、外灯が少なかったりするためだ。紛争地の取材で命を落とすよりも、交通事故に巻き込まれる恐れのほうが高い。「夜道では、よほどの理由がない限り長距離移動をしない」と決めていた特派員もいたほどだ。

ジンバブエから南アフリカに向かう夜行バス。思ったより快適だったが、大音量の音楽には参った＝2018年11月24日

「眠ってしまえば怖がる必要もない」と思って、座席を後ろに傾けた。だが、大音量で車内に流れる音楽がうるさくて、なかなか寝付けない。出発した時からずっと流れていた。アフリカンポップは嫌いではないが、安眠効果はなさそうだ。時計を見ると、深夜零時を過ぎていた。

このまま寝られないかもしれないと心配になったが、気づいたらよだれを垂らして寝ていたようだ。午前二時半、目を覚ますと南アフリカとの国境の街に到着していた。出国審査はすんなり終わり、南アフリカ側の入国審査に進んだ。そこには、数百人のジンバブエ人たちが寝転がっていた。食料品を買い出しに来た女性や南アフリカに移住した親戚の家に向かう人たちだ。

毛布をかけて休んでいた女性たちに話しかけると、「夜中に外に出るのは危険だから、朝までここで寝ているんです」と教えてくれた。彼女たちは、ジンバブエとの国境から一番近いムシナという街のスーパーで食用油や石鹼、食料品を買いだめし、ジンバブエのマーケットで売る露天商だった。南アフリカはジンバブエの半額で日用品が購入できるのだという。

南アフリカの治安はそれほど良くない。犯罪者からしてみれば、ある程度まとまったお金を持っている彼女らは格好の標的だ。だからこそ、多くのジンバブエ人は警備員がいて、より安全性が高い入国審査場の周辺で日が昇るのを待っているのだ。

午前四時半過ぎ、私と同じバスに乗っていた乗客全員が入国審査を終えて、バスは再び走り出した。だが、南アフリカ国内に入ると、すぐに警察官に止められた。隣にいた乗客は「パスポートを持たずに不法に入国してくるジンバブエ人の摘発が目的だ」と言った。幸い、不法入国の乗客はいなかったが、その後も二回、警察官に止められることになった。

後日、南アフリカの地元紙は、ジンバブエから陸路で国境を渡るジンバブエ人が増えていることを伝えていた。物の値段が上がり、失業率も回復しない国を去り、経済規模が大きい隣国に逃れていたのだ。

バスは何度目かの休憩に入った。よく見ると、一〇人くらいの乗客が同じブランドのポテトチップスを買って、朝食代わりに無言で食べていた。ジンバブエだと五・五ドルもかかる商品だが、南アフリカだとその三分の一弱で買えるからだろう。車内には、しばらくポテトチップスの香ばしいにおいが充満していた。

バスがヨハネスブルク中心部のバスターミナルに到着したのは、出発してから一七時間後だった。午後六時頃に自宅に着き、腰を癒やそうとベッドに少し横たわった。次に目を覚ました時は、すでに翌朝の一〇時だった。

「世界一高いガソリン代」

二〇一九年の一月、ジンバブエ国民の生活はさらに悪化しているように見えた。外貨不足も深刻で、経済の専門家は「米ドルなどの外貨残高は、二週間分の輸入品代しか残っていない」と警鐘を鳴らしていた。

一月四日、私はジンバブエ第二の都市、ブラワヨに滞在していた。夕食を取ろうとチキン料理店「Nando's」という人気レストランに入った。メニュー表を見ると、米ドルとボンドノートでの支払いで、価格が違うことに気づいた。

看板料理の焼きチキンが米ドルなら二・五ドルなのに対し、ボンドノートなら八・七五ドルになっていた。私のように米ドルを持っている人間からすればありがたい話だが、三倍以上の値段差がついていた。店側が二種類の価格をつけるのは、私のような外国人観光客から米ドルを受け取り、外貨を確保する「自主努力」だった。

その八日後には、大統領のエマソン・ムナンガグワが「需要が高くなっているガソリン価格を値上げする」と発表した。価格は、これまでより三倍近い一リットル三・三一ドルに引き上げられた。当初、ガソリンについては、米ドルで支払おうが、ボンドノートで支払おうが、同じ価格だった。

原因は政府の財政難だ。経済学を専門とするジンバブエ大学講師のファニュエル・ハジュビナは「政府は財政赤字の解消に取り組んできた。ガソリン価格の値上げもその一環だろう」と政府の意図を説明した。

だが、日本のような電車が整備されていないこの国で、仕事や学校に行くのにミニバスや自家用車、オートバイは必須の乗り物だ。ガソリン価格の値上げは、国民にとって死活問題だった。

ハラレにあるガソリンスタンドの店員、エフォート・ニャクレルワ（三〇）は「世界一、ガソリン代が高い国になった。私たちは、本当の狂気の中にいるんだ」と言った。彼は、「ガソリン代は上がっても、客はやってくる。ただ、通常なら五〇〇〇リットルの給油量があるが、今は通常の半分以下しか回ってこない。長い時間だと、ガソリンを給油するまでにまる二日も待つ客がいる」と打ち明けた。

レギュラーガソリンの価格が1リットル3.31ドルを示す看板＝2019年1月23日

ガソリンスタンドの前で二

首都ハラレにあるガソリンスタンドの100メートル以上手前から列をなす車＝2019年1月23日

〇～三〇台を超す車が列をなす光景は、首都ハラレで見慣れたものになった。客の一人は「かれこれ六時間も待っている。本当に無駄な時間だ」と嘆いた。彼らは、ガソリンを入れるためだけに、ここで一晩を過ごすこともある。日本で人気が高いスマートフォンの新商品の発売日に合わせて、徹夜する人たちの高揚感とは全く違うのだ。

軍事化が鮮明に

食料品の値上げには辛抱強く我慢していた国民も、ガソリン価格の値上げには不満が爆発した。首都のハラレやブラワヨといった都市部を中心に、政府に対する大規模な抗議デモが起きた。車を棒で破壊し、タイヤを燃やし、治安部隊と衝突した。コーディネーター役のオスカーによると、デモの参加者の中には「今の政権より、ムガベのほうがましだった。辞任を求めた俺たちが悪かった。戻ってきて」と叫ぶ人までいた。

デモが拡大すると見た政府は、インターネット接続の遮断に踏み切った。抗議デモの参加者は、ワッツアップやツイッター、フェイスブックといったＳＮＳで連絡し合い、情報を発信していた。政府はＳＮＳを規制し、暴動の鎮圧を図ったのだ。

ちょうどその頃、アフリカ東部のケニアに滞在していた私は、ジンバブエに取材に入るべきか悩んだ。通常の取材では、ジンバブエの情報省に取材許可を得てから入国する。だが、許可が出るまでに多くの場合は一週間以上かかるうえ、「暴動を取材したい」という理由では許可が下りない可能性が高かった。インターネット接続ができないので、オスカーとの連絡も取れなくなった。

そうこうしているうちに、一月一五日午後、ケニアの首都ナイロビで高級ホテルを狙った襲撃事件が起きた。武装した集団が自爆攻撃や銃を発砲し、ケニア人やアメリカ国籍の人が犠牲になった。現場は、複数の日本企業が入る地区で、日本の駐在員たちも発砲音を聞いて慌てて避難するなど、現地の日本人社会にも影響が大きかった。私も襲撃現場での取材に追われ、ジンバブエでの暴動は後回しになってしまった。

その間に何が起きていたのか？

南アフリカで記者会見した国際人権団体「ヒューマン・ライツ・ウォッチ」などによると、抗議デモに参加するなどした六〇〇人以上が拘束され、少なくとも一二人が発砲されるなどして死亡、負傷者も次々に病院に運ばれた。治安部隊は選挙直後と同じように、抗議デモの参加者らに向けて発砲し、警棒やムチでたたくなどして制圧。軍は「ギャングが軍の武器や制服を盗んで犯行に及んだ疑いがある」と述べたが、ほとんどの国民は信じなかった。

私は、ヒューマン・ライツ・ウォッチで南部アフリカを担当するデワ・マブヒンガに質問を投げかけた。

「国民の間では、ムガベの時代のほうが良かったと言う声があがっているが、今の政権はムガベ時代よりひどいと思うか？」

彼は「一九八〇年代の（少数民族の）虐殺や二〇〇八年の選挙時の暴力事案と同じシス

テム、同じ手法、同じくらいの残虐性を持っている」と答える一方、「今の政権は鉄面皮だ。軍兵士らは見える形で、日中に平然と市民に向けて発砲するようになった。ムガベ時代は、彼らはマスクをかぶり、見えない形で動いていた。軍事化がより鮮明になり、法律を無視することが多くなった。逮捕者や発砲・暴行被害を受けた人の数も、前例がないほど大きなものだ」と訴えた。

軍の存在感が高まっている理由は、ムナンガグワ政権の発足の経緯を考えれば分かりやすい。三七年も権力の座にあったムガベを自宅軟禁にし、大統領を辞任に追い込んだのは国軍だ。当時軍トップの司令官だったチウェンガはその後、副大統領に就任。ムガベの軟禁を国営テレビで発表した国軍幹部のシブシソ・モヨは外相の座に就いた。政権内での国軍の力が強いことで、「軍事政権だ」と批判する声もあがるほどだった。

マブヒンガは、「ムナンガグワとチウェンガの間には、国のシステムを巡る対立がある。誰が王様になれるか、誰がゴッドファーザーになれるかについての争いだ。その対立の行方は、誰がジンバブエに豊富にある資源やダイヤモンドを支配するかにかかっている」と分析していた。

ガソリン価格の引き上げをきっかけにしたジンバブエの暴動は、ネット接続の遮断に踏み切った政府の対応もあって、発生から一週間もすると大規模なものは少なくなった。買い物客や仕事場に向かう人たちも、ハラレの街中に徐々に戻った。

だが、人々の生活は苦しいままだ。毎月二〇〇ボンドノートの給料しかもらっていないというスーパーマーケットの店員タクズワ・チケ（二二）は言った。「以前までは、パン一斤は九〇セントほどだった。今は一・五ドルもする。二〇〇八年の経済危機の時より、今のほうが生活は大変よ。私に力があるなら、ムガベを（大統領に）連れ戻したい。彼は悪い人だったかもしれないけど、ガソリン代やパンの価格はこんなには値上げしなかった。ムガベに戻ってきて欲しい」。

ガソリン価格はその後も値上げが続いた。ガソリンスタンドで給油の列を待っていたイルビネ・チナカ（二八）も同じように訴えた。「新政権ができて、私たちはより良い生活が送れると期待した。大学を卒業している私は、もっと良い仕事に就けると思った。だけど、違った。政府は私たちのことを気にもかけていない。貪欲で自己中心的だ。ムガベは国民のことを助け、常に寄り添ってきた。国民の生活を無視して、ガソリン価格の値上げ

通常は飲料水が売られている首都ハラレのスーパーマーケットの冷蔵庫もほとんど空になっていた＝2019年1月24日

を発表したムナンガグワよりもずっと良かった」。

つい一年くらい前まで独裁者と非難されていた人物が、待望される国。ムガベの健康状態を考えれば、彼の再登板はあり得ない選択肢のように見えた。それでもなお、彼の復活を求める国民がいたのは、「ムガベなら低迷する経済を打開してくれる」と信じる国民がいるということを示していた。

現地通貨しか持たない国民にとって、物価はさらに上昇している。「二〇〇〇年代と同じようなハイパーインフレーションが、また起きるのではないか」との声も根強い。停電や水不足も続いている。

いつも愉快なコーディネーター役のオスカーは、珍しく弱気なメッセージを私に送ってきた。「また物の値段が上がる。経済の浮き沈みで一番に影響を受けるのは私たち市民だ。トンネルの先で薄く光が差す方角に突き進んでみたものの、一向に出口が見えてこない。それが今のジンバブエだ」。

母国愛の強い彼でさえ、低迷する経済に嫌気がさし、家族を連れて南アフリカに移住することを考えている。

ムガベの死

ジンバブエ経済が低迷を続けていた二〇一九年八月二八日。私は、アフリカ開発会議（TICAD）に出席するために来日した大統領のムナンガグワにインタビューする機会に恵まれた。「日本からの投資や起業を受け入れたい」と話すムナンガグワの周りを、一〇人以上の側近が囲っていた。六年前に、ムガベに取材した時と同じような空間ができあがっていたが、あの時のように、緊張で舞い上がることはなかった。

ムガベの側近として長年仕えながら、後継者争いの末に副大統領職を解任されたムナンガグワ。ムガベについてどう思っているのか尋ねると、「彼は国民の意見を大事にした。国民はムガベを好きだった。だから、選挙で勝ってきたのだ」と答えた。欧米諸国を敵に回した土地改革についても、「少数の白人が大部分の土地を保有していた。法律に沿って、土地の接収を進めた。土地は、ムガベではなく、国家に渡った」と理解を示した。

九月六日、私は日本での取材を終え、シンガポール経由で南アフリカに戻った。空港に到着した直後、「ムガベがシンガポールの病院で亡くなったかもしれない」と、同僚から連絡を受けた。間もなくして、ムナンガグワはツイッターで、ムガベが亡くなったことを発表した。

不思議な縁を感じつつも、次の日の朝刊の締め切りに間に合うよう、原稿を出稿した。これまで取材してきた光景が、いくつもよみがえってきた。思い入れが強すぎたのか、短い行数で原稿をまとめるのに、いつも以上に苦労した。植民地だった国を解放し、指導者として国造りを率いたムガベ。欧米諸国にも物おじせず、「アフリカの顔」であり続けた。彼の死は、一つの時代の終幕を感じさせるものだった。

終章

マンデラとムガベ

――英雄と独裁者

南アフリカの総選挙前に開かれた選挙集会で、
元大統領のマンデラの肖像画を掲げる男性=2019年5月5日

マンデラ生誕一〇〇年

ジンバブエの大統領選を目前に控えていた二〇一八年七月一八日。私は、支局がある南アフリカにいた。この日は、南アフリカで約二七年にわたって獄中生活を強いられながら、アパルトヘイト政策を廃止に導いた故ネルソン・マンデラの生誕一〇〇年にあたる日だった。「国民の英雄」である彼の功績をたたえようと各地で行事が開かれ、私もその取材に追われていた。

南アフリカ準備銀行（中央銀行）は七月一三日、マンデラの肖像画やゆかりの地をあしらった新しい紙幣と硬貨の発行を始めた。これまでは、一〇～二〇〇ランドの五種類の紙幣の表に晩年のマンデラの肖像画を、裏にライオンやゾウなどの動物を描いてきたが、新紙幣は裏面のデザインを変更。若い時のマンデラの肖像画のほか、故郷ムベゾや自宅があった旧黒人居住区ソウェト、獄中生活の大半を過ごしたロベン島の景色をあしらった。表を見ても、裏を見ても、マンデラづくしになったのだ。この国の歴史にとって、マンデラの偉大さがよく分かる出来事だった。

南アフリカのヨハネスブルクにあるアパルトヘイト博物館。当時の状況を知ってもらうため、白人と非白人専用の入り口をもうけている＝2018年5月27日

年間二〇万人以上の来場者があるヨハネスブルクのアパルトヘイト博物館の館長、クリストファー・ティルも、「マンデラの生誕一〇〇年は、全世界に彼のメッセージを伝える貴重な機会になる」と述べ、展示会や民主化運動に参加した人々と大学生との交流会を開くなどしてきた。ティルは「国内外で人種差別がいまだにあり、不寛容さが増している」と危惧する。だからこそ、対話や融和の精神、人種差別の撤廃を訴え続けたマンデラの考えが大事だとも強調していた。

私は南アフリカに赴任してから一年半の間に計四回、この博物館に足を運んだ。

日本から同僚が来れば、真っ先にこの場所に案内した。チケット売り場で入場券を買うと、無作為に「白人」か「非白人」のチケットを渡される。入り口もそれぞれで別になっている。白人専用のレストランや列車、ビーチまであった当時の実態を理解してもらうため、あえて、このような形にしているのだ。

マンデラ生誕一〇〇年の行事で、国内外から注目を集めたのは、アメリカの前大統領、バラク・オバマを招いた講演会だ。会場だったヨハネスブルクの屋外競技場には、各国の首脳や元国連事務総長のアナンらが出席。白人、黒人、混血の人々が同じ会場に集い、約一万五〇〇〇人がオバマの講演を聴いた。国民の融和を目指したマンデラが願っていた光景が広がっていた。

オバマが登壇すると大きな拍手が送られ、演説でよく使っていた「Yes we can」と叫ぶ観衆もいた。オバマは講演で、民主化運動を指揮したマンデラの功績をたたえた。「マンデラが人生を捧げたのは、自由と正義と平等な機会を求める長い歩みだった。当初、彼の闘いは、故郷にあるアパルトヘイトを廃止させるためであり、公民権を失った有色人種にとっての持続的な政治的、社会的、経済的平等のための闘いだった。しかし、彼の犠

マンデラ生誕100年に合わせて南アフリカのヨハネスブルクで開かれたイベントでは、アメリカの前大統領であるオバマが講演した＝2018年7月17日

牲と揺るぎないリーダーシップなどを通して、彼の運動はより大きな意味を持つようになった」

式典には、一九九一年にアパルトヘイト関連法が廃止された後に生まれた世代も多く参加した。高校生のジェーン・マフルマン（一八）とステファニー・ハルトン（一八）は「マンデラはこの国の英雄。確かに、この国には貧富の格差が今も大きいけど、この世界に完璧な人なんていない。マンデラが訴えてきた融和や他人を尊重する姿勢を学び、私たちの世代でできることを考えたい」と前向きに語った。

マンデラの功績

マンデラは一九一八年、南アフリカ南東部トランスカイ地方の民族コサの名家に生まれた。一九五二年に弁護士としてヨハネスブルクでは黒人初の法律事務所を開き、アパルトヘイト廃止に向けた運動に身を捧げた。だが、数度の逮捕の後、一九六二年にまたも逮捕され、反逆罪などでその二年後に終身刑を宣告された。ちょうど同じ頃、六歳年下のジンバブエのムガベも、国の独立を求める運動に加わり、収監された。

死刑判決の恐れもあった裁判中、マンデラは声明を述べた。

「わたしは一生涯を通じて、このアフリカ民衆の闘争に身をささげてきました。白人支配に対して闘い、黒人支配に対しても闘ってきました。すべての人が手を取り合い、対等の機会を与えられて共存していく、民主的で自由な社会という理想を、胸にいだき続けてきました。この理想を、わたしは生きる目的とし、実現に力を尽くしたいと思っています。もし必要なら、この理想のために命をも投げ出す覚悟です」（『自由への長い道』（下）九二頁）

死刑を免れたマンデラは、一緒に活動していた仲間たちとともに、南アフリカのケープタウンから沖合へ約一〇キロにあるロベン島に連れてこられた。多数の政治犯が収容された「監獄島」だ。

一九九六年まで監獄として使われていた場所は今、島全体が博物館になり、観光客が毎日のように訪れている。高速船で三〇分ほど行くと、ロベン島に辿り着く。船着き場からバスで走ると、囲いがされた墓地があった。政治犯らが収容される前、この地はハンセン病患者の隔離施設でもあった。

マンデラは約二七年にわたる獄中生活のうち、この島で約一八年を過ごした。収容されていたB棟の独房は二メートル四方ほどしかなく、ゴザのような薄いシート、トイレ代わりのバケツや小さな机だけが備わっていた。窓から見えるのは、季節感がほとんど感じられない中庭。現地ガイドによると、マンデラは中庭の一角に、自伝「自由への長い道」の草稿を隠していたという。

島内には、マンデラらが過酷な肉体労働を強いられた石灰岩の採掘場所のほか、看守らの家や教会、学校があった。島の南端からは、高層ビルやテーブルマウンテンがそびえるケープタウンの街並みが見える。市街地の発展ぶりを見ながら、マンデラは釈放される日を願ったのかもしれない。

彼は獄中生活を続ける中で、アパルトヘイト廃止を求める闘争の象徴的存在になっていった。国内の黒人からだけでなく、国際社会からもマンデラ釈放を求める声が強まった。当時の白人政権の大統領だったデクラークは、一九八九年にマンデラと会談。翌年になって釈放した。

その後、マンデラは人種和解へ導いたとしてデクラークとともにノーベル平和賞を受賞。一九九四年には、全ての人種が参加した初の議会選挙を経て大統領に選ばれ、初の黒人政

南アフリカ・ケープタウンの沖合にあるロベン島に残るマンデラが収容されていた監獄＝2019年3月10日

マンデラが長年収容されていた南アフリカのロベン島から、ケープタウンの街並みやテーブルマウンテンが見えた＝2019年3月10日

権が誕生した。

マンデラは獄中生活を送る前、非暴力による反アパルトヘイト運動には限界があると悟り、武装闘争を率い、「テロリスト」と白人に恐れられた。だが、約二七年にわたる獄中生活を終えた後は白人を許し、国民にも融和を求めた。

ロベン島の刑務所で、マンデラの独房の担当になった元看守のクリスト・ブランドは以前の朝日新聞の取材に、「上司からは、マンデラは女や子どもを殺す恐ろしいテロリストだと聞かされていた」と言っていた。だが、年月をともに過ごす中で、マンデラは黒人が闘う理由を丁寧に語っていたという。ブランドも、穏やかな姿のマンデラに共感を覚え、尊重し合う仲になった。

マンデラは選挙で勝利を決めた際、「私たちは今日、新しい時代に入った」と演説した。それまで白人のスポーツと見なされていたラグビーのワールドカップが自国で開催された際も、何度も競技場に足を運び、黒人と白人の交流を進め、垣根を壊そうとした。そうした姿勢が各国に伝えられると、日本を含めた国際社会から「真の英雄」としてたたえられた。

マンデラは自伝『自由への長い道』で、こうも記した。「肌の色や育ちや信仰のちがう他人を、憎むように生まれついた人間などいない。人は憎むことを学ぶのだ。そして、憎むことが学べるのなら、愛することだって学べるだろう。愛は憎しみよりも、もっと自然に人の心に根づくはずだ」。

マンデラとアパルトヘイト廃止に向けて闘い、ともに獄中にいたアンドルー・ムランゲニ（九三）にも、マンデラの印象を聞いた。ケープタウンの自宅で出迎えてくれた彼は、「マンデラは国民の団結や融和を求め、権威の前でも国民の側についた。獄中生活を送っていた時も、面会に来る人が自分のことばかり聞いてくると、他の囚人のことも聞くべきだと怒った。多様性を重んじた真のリーダーだった」と振り返った。

マンデラのもう一つの特徴は、権力の座に固執しなかったことだ。ジンバブエのムガベを始め、一度政権を握ると任期期間の制限を定めた憲法を改正してでも、長年にわたって権力の座にとどまろうとするアフリカの指導者は多い。

赤道ギニアのオビアン・ンゲマは、一九七九年のクーデター後、四〇年にわたって実権を掌握し、アフリカで最長の現役首脳となっている。九〇年代から進める油田開発により石油収入が豊富だが、ンゲマの一族が私物化し、貧困率は七割を超える。カメルーンのポール・ビヤ、ウガンダのヨウェリ・カグタ・ムセベニ、エリトリアのイサイアス・アフォルキらの在任期間は、いずれも二〇年以上だ。

南アフリカ大学講師のジョンジャック・ボソフ（政治学）は、アフリカで長期政権が多い背景について、①指導者の権力欲が高い、②独立闘争で貢献した報酬とみなしている、③辞任後に人権侵害での訴追を恐れているなどの点をあげる。選挙管理委員会の人事権やメディアへの関与強化、反政府側への脅迫といった手段を使って政権を維持しているという、「治安維持は長期支配の長所と言えるが、汚職などの負の面は大きい」と語る。

大統領を三八年間務めたアンゴラのドス・サントスは二〇一七年、健康状態が不安視される中で退任し、後継者に職を譲った。一九八九年のクーデターで政権を掌握したスーダンのオマル・バシルは二〇一九年四月、市民によるデモをきっかけに国軍がクーデターを起こし、失脚した。

一方のマンデラは、わずか一期で大統領を退任。その後はＨＩＶや貧困撲滅に向けた活動や妻のグラサ・マシェルら家族との生活を大事にしてきた。

マンデラが二〇一三年一二月に亡くなった際、各国の政治指導者や人権活動家らはその死を悼んだ。女子教育の権利を訴えるパキスタン人学生マララ・ユスフザイは「(マンデラから)多くのことを学んだ。私のリーダーだ」とたたえた。アフリカの貧困撲滅に取り組むロックバンドU2のボーカル、ボノも「憎み方ではなく愛し方を教えてくれた。彼が激しい怒りや暴力に屈しなかったからではなく、愛することのほうがより良い働きをするということを学んでいたからだ」とウェブサイトに記した。

「虹の国」と貧富の格差

マンデラが理想に掲げたのは、多人種が共存する「虹の国」だった。だが、白人と黒人の貧富の格差などは、今もこの国の大きな課題になっている。

ヨハネスブルク北部にあるビジネスの中心、サントン地区は、建設中の高層ビルが建ち並び、高速鉄道の駅は乗客でにぎわう。白人の姿も目立ち、ここにいるだけなら欧米のような雰囲気も漂う。富裕層が住むマンションは侵入者を防ぐため高い塀や電線、有刺鉄線で囲まれている。

一方で、車で一〇分も走れば、信号機のある交差点で赤子を抱えた母親が運転手にお金や食べ物を求める姿に出くわす。中には、勝手に車の窓ガラスを拭いてお金を求めてくる若者や、信号待ちのわずかな時間に交差点でダンスを披露し、パフォーマンス代をもらおうとする子どもたちもいる。

そこから南西に約二五キロ離れた旧黒人居住区ソウェトのクリップタウンの一角に行けば、この国の貧富の差は如実に見えてくる。トタン屋根の小さな家が建ち並び、電線を自宅まで違法につないでいる家屋が多い。

私がこの一帯に行く時は、ソウェト出身の写真家ビクター・マトム（五九）に案内をお願いしている。マンデラが長い獄中生活を終えて、ソウェトに戻ってきた際に写真を撮った人物だ。元ボクサーとあって握力が私の何倍も強く、初めて会った時に握手した際は手がしばらくしびれたほどだった。案内役はもちろん、ボディーガード役も兼ねてくれている。

彼に車で連れてこられたのは、一九九〇年からクリップタウンに住むベルナルド・ウグエイオ（五八）の自宅だった。トタン屋根に覆われている家はすきま風が入り、雨漏りが

元大統領のマンデラも一時期暮らしていた南アフリカ・ヨハネスブルクのソウェト。トタン屋根でできた民家で暮らす人々が集まる地域もいまだに残る＝2018年6月12日

ひどい。冬にあたる七月には寒さがこたえ、室内でも上着が手放せない。「生活は二〇、三〇年前より苦しくなった」とぼやく。

以前は日雇い仕事で生計を立ててきたが、今は路上でペットボトルや新聞紙を拾って一キログラムあたり三ランド（約二五円）で売る。月の稼ぎは多くて二〇〇ランド。役所から子ども手当を受け取り、娘二人が有給のボランティア活動をしているが、家族六人を養うには足りない。彼は、マンデラがアパルトヘイトを廃止に導いた時、自分たち黒人への恩恵を期待したが、貧富の差はむしろ広がったと感じている。

　取材の途中、ウグエイオの娘が帰宅してきた。ソウェトの公立高校に通うシャーロット・ムタングワ（一五）は「授業でマンデラのことを詳しく教えてもらったことはない」と話す。歴史の授業はあっても、マンデラが活動していた現代史まで教わる機会がないのだと言い、テレビを通じて「平和のために闘った人」と知っているだけだ。

　南アフリカ政府は格差の解消を目的に、黒人の経済参加促進法を制定。採用や幹部の登用で黒人を優遇する企業に税制面で優遇するなどしてきた。黒人の企業幹部は一九九六年に八％だったのが、二〇一五年までに約四〇％まで上昇。黒人の富裕層は着実に増えている。

　一方で、世界銀行によると、南アフリカは人口の一割が富の約七〇％を保有し、世界でも有数の貧富の差が大きい国になっている。中でも、多くの富を持つのが人口の一割にも満たない白人で、国内の土地の七割超を所有する。二〇一四～二〇一五年の調査では、白人家庭の世帯年収は約四四万ランド（約三四〇万円）で、黒人家庭の約九万三千ランドの四倍以上だった。

南アフリカ・ヨハネスブルクのソウェトで暮らすベルナルド・ウグエイオとその家＝2018年6月12日

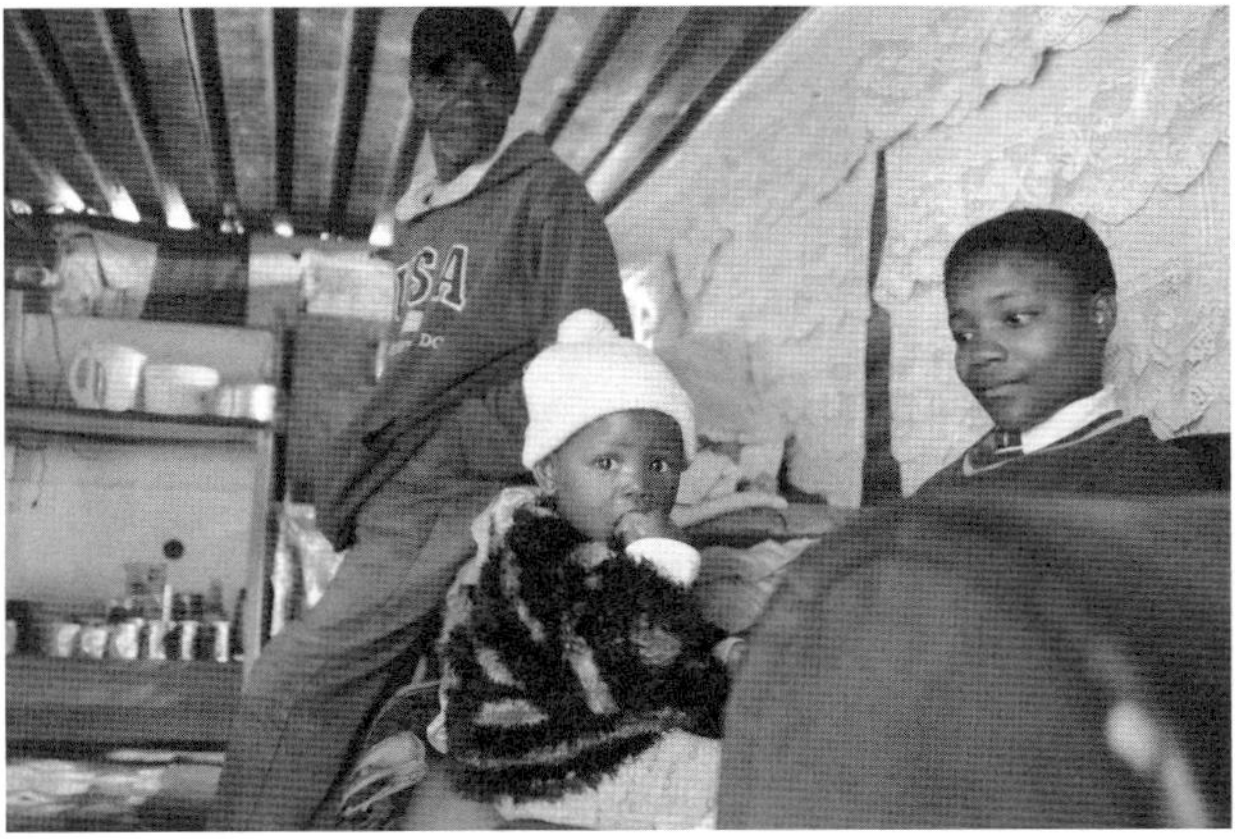

南アフリカ・ヨハネスブルクのソウェトで暮らすベルナルド・ウグエイオ一家＝2018年6月12日

失業率も黒人は約三〇％に上り、白人の約四倍。二四歳以下の黒人の失業率は五割を超えるなど、大多数は貧困にあえいでいる。世界銀行は「富裕層ほど教育や就業で恵まれる『機会の不均等』が格差の是正を妨げている」と指摘する。

「戦場に近い」犯罪国

南アフリカでは、白人と黒人の間のしこりも残っている。二〇一八年だけでも大学生専用のアパートが白人だけに入居を認めたとして批判を浴びた。白人女性が黒人を中傷するアパルトヘイト期の差別用語を繰り返し使ったとして、禁錮二年の判決を受けた。さらに、二〇一九年九月には、ナイジェリア人などの移民を狙った大規模な暴動事件も起きた。南アフリカの黒人貧困層の間で、「移民労働者が自分たちの職を奪っている」との不満が高まっていたのが背景にあった。マンデラが目指した平等な社会とはほど遠い状態だ。

治安もなかなか改善しない。二〇一七年度に南アフリカ国内で起きた殺人事件の被害者数は二万三三六人で、一日あたり五六人が亡くなった。レイプ被害は約四万件に上り、警察相は「南アフリカで戦争は起きていないが、戦場に近い状態にある」と認めるほどだ。

日本人の犯罪被害もたびたび起きている。私の身の回りだけでも、駐車中に車内の窓ガラスを割られて荷物を奪われたり、銀行のＡＴＭで強盗被害に遭ったりしている。日本人の多くは日中でも徒歩での移動はせず、夜間は外出を避ける家庭も少なくない。もともと企業の本社が多くあったヨハネスブルク中心部は、犯罪被害が多い場所として知られており、現地の人でもあまり行きたがらない。

未遂で済んだが、私の妻子も銃を持った男に狙われたことがあった。二〇一九年二月。まだ太陽の光が照っていた午後五時半頃、妻は二人の子どもを乗せて車で自宅に戻る途中だった。ヨハネスブルク支局近くにあるショッピングセンター脇の交差点で、赤信号のために車を停止させた。左隣にはワゴン車が停まっていた。すると、ワゴン車の陰からライフル銃を持った男が近づいてきた。赤いＴシャツに黒色のハーフパンツ、それにサングラスをかけていた。

妻子は普段から、犯罪に巻き込まれないように細心の注意を払っていた。「なるべく交差点で信号待ちをしない」「停車する時は、逃げ道を確保するためにできるだけ交差点の先頭で待つようにする」と家族間でも話し合っていた。

妻と小学生の娘は、「変な人がいる」とすぐに危険を察知し、車を急発進させて逃げた。幸い、男は銃を発砲することなく、追いかけてもこなかった。

事件があったその日、私はナイジェリア大統領選挙の取材のため、南アフリカを離れていた。妻から事情を聞かされ、「恐れていたことがついに起きてしまった」と動揺した。エジプトのカイロにいる上司や所属する国際報道部に連絡を入れ、出張期間を短縮して急いで南アフリカに戻ることにした。

自宅に戻って妻子の顔を見ると、意外なほどケロッとしていた。「同じ交差点はもう通りたくない」と言いつつ、「落ち込んでいてもしょうがない。私たちの体験を広く伝えて欲しい」と依頼された。月の半分は出張で家を空けている私にとって、めったなことでは動じない妻の性格には救われた。

ムガベの豹変

南アフリカと国境を接するジンバブエは、少なくとも身近な犯罪に巻き込まれるケースは南アフリカより少ない。街中を一人で歩いていても危険な目に遭ったことはないし、暴動が起きていない限り、首都ハラレの街は平穏だ。

国造りを担うのは黒人であり、白人の存在感は南アフリカに比べれば圧倒的に小さい。白人は独立後しばらくすると、ムガベの圧政に耐えかねて減っていった。今や人口の一％にも満たないほどだ。白人と黒人の経済格差を論じることはほとんどなくなった。

独立当初、ムガベはこう演説していた。

「若者も年老いた人も、男性も女性も、黒人も白人も、生きていてもそうでなくても、全ての人がジンバブエ人となるのだ」

「過去の過ちを許し、忘れなければならない。過去に目を向けるならば、過去が私たちに示してきた教訓に目を向けよう。（中略）権力を持っていた白人が昨日まで私たちを抑圧していたからと言って、今、権力を持った黒人が白人を抑圧しなければならないという考えは、決して正当化できない」

だが、その後のムガベは、国民の融和よりも、黒人の、黒人による、黒人のための政治に重きを置いた。現代風に言えば、黒人ファーストの政策を取った。明らかに豹変してしまったのだ。代表的な例が、白人の土地の強制接収だった。その結果、白人や欧米諸国からは嫌われ、「独裁者」と言われるようになった。

ムガベは辞任に追い込まれる直前、マンデラについてこう批判していた。

「マンデラは（自分の）自由を何よりも大事にし、なぜ獄中生活を強いられたのかを忘れてしまった」「（南アフリカの白人は）土地も産業界も企業も支配し、黒人の雇用主になっている。黒人が白人優位の体制から解放されていないのは、マンデラのせいだ」。マンデラが土地改革を実施しなかったことについても「最大の過ちだ」と述べた。

確かに、南アフリカの人口の一割にも満たない白人が、国土の約七割を保有する現状は不健全だろう。だからこそ、南アフリカでは今も、土地改革の実施が選挙の争点に持ち出される。過去の清算を巡る議論が続いているのだ。

だが、マンデラは人種差別をなくすために闘い、自由で平等な世界の実現に向けたビジョンを国内外に示し続けた。

一九九四年の大統領就任演説で、マンデラは「私たちは、黒人も白人も関係なく、全ての南アフリカ人が恐れることなく胸を張って歩き、人間の尊厳を決して奪われることのない社会を築く契約を結んだ。国内外ともに、平和に包まれた虹の国を築こうという契約だ」と訴えかけた。

貧富の格差の解消などに課題は残したものの、マンデラの功績がこれからも色あせることはないだろう。大統領を一期で退く潔さもあり、生涯で三人いた妻の人気も、程度は違えど高かった。

一方、私たちが知るムガベのイメージは、白人と敵対したことによって、実際よりも悪く脚色されたものだと言える。実際、マンデラが二〇一三年に亡くなった際、南アフリカで開かれた追悼式に出席したムガベは、会場の観衆から割れんばかりの拍手で迎えられた。アフリカ連合の議長を務めるなど、アフリカ大陸では一定の地位と名誉を保ち続けた。国軍によって大統領辞任に追い込まれた後も、国民を第一に考えた彼を支持する人々は少なくなかった。新政権が期待に反する経済政策を取れば、「ムガベのほうが良かった」と辞任を惜しむ声が相次いだ。

ムガベによる長期支配は、一九九〇年代半ば頃から弊害が目立つようになった。権力に味をしめ、自らだけではなく、親族や側近たちも腐敗していった。白人の農地を強制的に接収し、それを政治家や元軍人たちが優先的に受け取っていった。権力者が自分の家族や側近に政治的恩恵を与える「ネポティズム（縁故主義）」政治が続くことによって、ムガベは辞め時を失った。

政敵を弾圧し、少数民族を殺害した歴史を塗り替えることはできない。国の経済を崩壊させ、自らの最期ですら、遠く離れた東南アジアのシンガポールの病院で迎えたのは、彼の「負の政治的遺産」である。必要以上に欧米諸国と敵対し、最後は権力欲に目覚めた妻の暴走も止められなかった。

歴史に「ｉｆ」はない。ただ、彼が一九九〇年頃までに権力の座から降りていれば、私たちが抱く彼のイメージは、もう少し違ったものになっただろう。

二〇一九年九月に九五歳で死去したムガベ。もう一度会う機会があれば、こう聞いてみたかった。

「マンデラのように世界中から愛される英雄になれなかったのは、なぜだと思うか？」と。

＊取材対象者の年齢は、原則取材時のものであり、本文中の敬称は省略した。

参考文献（本文で引用するなど、特に参考にしたものを記載）

早川真悠『ハイパー・インフレの人類学――ジンバブエ「危機」下の多元的貨幣経済』人文書院、二〇一五年

松本仁一『アフリカ・レポート――壊れる国、生きる人々』岩波新書、二〇〇八年

吉國恒雄『燃えるジンバブウェ――南部アフリカにおける「コロニアル」・「ポストコロニアル」経験』晃洋書房、二〇〇八年

ネルソン・マンデラ『自由への長い道――ネルソン・マンデラ自伝』（上・下）東江一紀訳、日本放送出版協会、一九九六年

Douglas Rogers, *Two Weeks in November: The Astonishing Untold Story of the Operation That Toppled Mugabe*, Jonathan Ball, 2019.

Father Fidelis Mukonori S.J., *Man in the Middle: A Memoir*, The House of Books, 2017.

Geoffrey Nyarota, *THE GRACELESS FALL OF ROBERT MUGABE: The End of a Dictator's Reign*, Penguin Random House South Africa, 2018. Heidi Holland, *Dinner with Mugabe: The Untold Story of a Freedom Fighter Who Became a Tyrant*, Penguin Random House South Africa, 2008.

Ray Ndlovu, *In the Jaws of the Crocodile*, Penguin Random House South Africa, 2018.

ROBERT GABRIEL MUGABE : 90, The House of Books, 2014.
他に、The Herald, 英ＢＢＣ、ＡＰ通信など各種記事も参照。

石原 孝（いしはら たかし）

一九八一年生まれ。朝日新聞ヨハネスブルク支局長。ロンドン大学東洋・アフリカ研究学院修士課程修了。長く所属していた大阪社会部では、学校法人「森友学園」の小学校建設を巡る問題などを取材した。共著に『子どもと貧困』『チャイナスタンダード 世界を席巻する中国式』など。趣味は国内外問わず、旅行。「広い世界を見たい」と思い、記者を志した。

堕《お》ちた英雄《えいゆう》「独裁者《どくさいしゃ》」ムガベの37年《ねん》

集英社新書〇九九三N

二〇一九年一〇月二二日 第一刷発行

著者……石原《いしはら》 孝《たかし》

発行者……茨木政彦

発行所……株式会社集英社

東京都千代田区一ツ橋二-五-一〇 郵便番号一〇一-八〇五〇

電話 〇三-三二三〇-六三九一（編集部）

〇三-三二三〇-六〇八〇（読者係）

〇三-三二三〇-六三九三（販売部）書店専用

装幀……新井千佳子（MOTHER）

印刷所……大日本印刷株式会社 凸版印刷株式会社

製本所……加藤製本株式会社

定価はカバーに表示してあります。

© The Asahi Shimbun Company 2019 ISBN 978-4-08-721093-4 C0236 Printed in Japan

造本には十分注意しておりますが、乱丁・落丁（本のページ順序の間違いや抜け落ち）の場合はお取り替え致します。購入された書店名を明記して小社読者係宛にお送り下さい。送料は小社負担でお取り替え致します。但し、古書店で購入したものについてはお取り替え出来ません。なお、本書の一部あるいは全部を無断で複写複製することは、法律で認められた場合を除き、著作権の侵害となります。また、業者など、読者本人以外による本書のデジタル化は、いかなる場合でも一切認められませんのでご注意下さい。

a pilot of wisdom

隠された奴隷制
植村邦彦　0983-A
マルクス研究の大家が「奴隷の思想史」三五〇年間をたどり、資本主義の正体を明らかにする。

俺たちはどう生きるか
大竹まこと　0984-B
自問自答の日々を赤裸々に綴った、人生のこれまでとこれから。本人自筆原稿も収録！

「他者」の起源　ノーベル賞作家のハーバード連続講演録
トニ・モリスン　解説・森本あんり／訳・荒このみ　0985-B
アフリカ系アメリカ人初のノーベル文学賞作家が、「他者化」のからくりについて考察する。

定年不調
石蔵文信　0986-I
仕事中心に生きてきた定年前後の五〇～六〇代の男性にみられる心身の不調に、対処法と予防策を提示。

言い訳　関東芸人はなぜM-1で勝てないのか
ナイツ 塙 宣之　0987-B
M-1審査員が徹底解剖。漫才師の聖典とも呼ばれるDVD『紳竜の研究』に続く令和の漫才バイブル誕生！

資本主義の終わりか、人間の終焉か？　未来への大分岐
マルクス・ガブリエル／マイケル・ハート／ポール・メイソン／斎藤幸平・編　0988-A
「人間の終わり」や「サイバー独裁」のようなディストピアを退ける展望を世界最高峰の知性が描き出す！

自己検証・危険地報道
安田純平／危険地報道を考えるジャーナリストの会　0989-B
シリアで拘束された安田と、救出に奔走したジャーナリストたちが危険地報道の意義と課題を徹底討議。

保護者のための　いじめ解決の教科書
阿部泰尚　0990-E
頼りにならなかった学校や教育委員会を動かすこともできる、タテマエ抜きの超実践的アドバイス。

「国連式」世界で戦う仕事術
滝澤三郎　0991-A
世界の難民保護に関わってきた著者による、国連という競争社会を生き抜く支えとなった仕事術と生き方論。

「地元チーム」がある幸福　スポーツと地方分権
橘木俊詔　0992-H
ほぼすべての都道府県に「地元を本拠地とするプロスポーツチーム」が存在する意義を、多方面から分析。

既刊情報の詳細は集英社新書のホームページへ
http://shinsho.shueisha.co.jp/

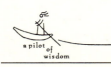